房要好好选

用漫画教你选个暖心家

亦 心/著

Choose a cozy home

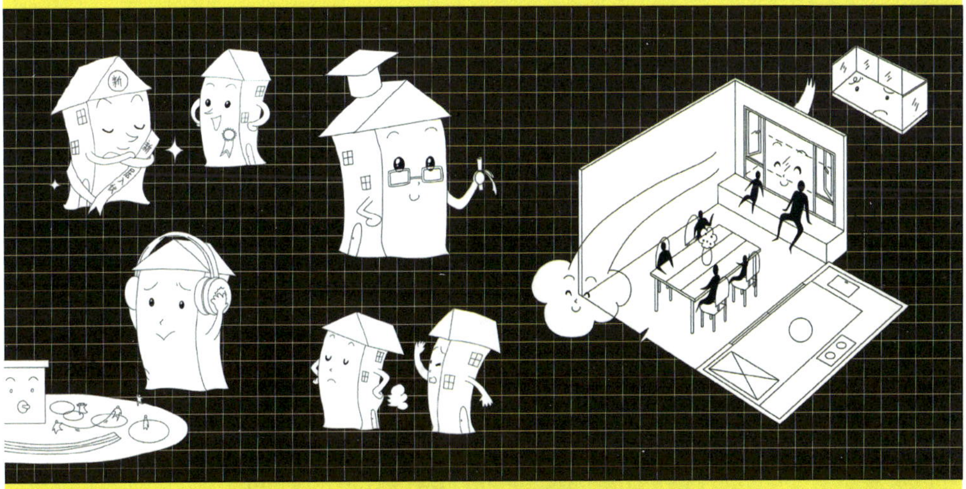

中国出版集团有限公司
世界图书出版公司
广州 · 上海 · 西安 · 北京

图书在版编目（CIP）数据

房要好好选：用漫画教你选个暖心家 / 亦心著. 广州：世界图书出版广东有限公司，2025.1. --ISBN 978-7-5232-1845-7

Ⅰ. F299.233.5-64

中国国家版本馆CIP数据核字第2025TD2108号

书　　名	房要好好选——用漫画教你选个暖心家 FANG YAO HAO HAO XUAN —— YONG MANHUA JIAO NI XUAN GE NUANXIN JIA
著　　者	亦　心
责任编辑	刘　旭
责任技编	刘上锦
装帧设计	蓝思宇
出版发行	世界图书出版有限公司　世界图书出版广东有限公司
地　　址	广州市海珠区新港西路大江冲25号
邮　　编	510300
电　　话	（020）84460408
网　　址	http://www.gdst.com.cn
邮　　箱	wpc_gdst@163.com
经　　销	新华书店
印　　刷	广州市德佳彩色印刷有限公司
开　　本	787 mm × 1 092 mm　1/16
印　　张	19.5
字　　数	136千字
版　　次	2025年1月第1版　　2025年1月第1次印刷
国际书号	ISBN 978-7-5232-1845-7
定　　价	68.00元

推荐序

匠心筑梦，择优而居

在这个快节奏的时代，家，不仅是身体的栖息地，更是心灵的港湾。它承载着我们对生活的美好向往，记录着我们与家人共度的每一个温馨瞬间。然而，在众多房源中挑选出那个真正属于自己的“家”，却并非易事。这不仅需要眼光与智慧，更需对“家”的深刻理解与尊重。“家”，不仅是物理空间上的界定，更是心灵深处最柔软的慰藉。寻找这样一方天地，往往需要我们去伪存真，细细甄选，这便是《房要好好选》一书所承载的使命与智慧。

本书以漫画这一轻松幽默而又深入浅出的形式，将原本可能枯燥乏味的房产选择知识，变得生动有趣，让人在会心一笑中领悟到房屋选择的真谛。这不仅是一场视觉的盛宴，更是一次心灵的触动，让我们重新审视那些日常中或许已习以为常，却又至关重要的居住空间。

在作者笔下，每一套房子都不再是简单的砖瓦堆砌，而是承载着居者情感与梦想的艺术品。从房屋的采光布局到通风设计，从社区环境到周边配套，每一个细节都被赋予了生命，它们共同诉说着一个关于“家”的故事。而本书，正是那个引领我们穿越繁杂信息，直达心灵深处的指南针。

从专业的角度出发，作者以建筑师独有的敏锐视角，深入剖析了房屋选择中的种种奥秘。任何一个建筑设计都没有标准答案。只有适合的答案，只有选择了适合自己的才是最优的方案。书中给出的建议不是唯一的选择，而是希望各位读者在选房的过程避免出现一些原则性的根本性的错误，也就是书中所说的“避坑”。一套好的房子，不仅要满足基本的居住需求，更要能够提升生活品质，促进家庭成员之间的和谐共处。在《房要好好选》中，我们不仅能够学到实用的选房技巧，更能感受到作者对居住美学的深刻理解和对人性关怀的细致入微。

作者的期望虽不能与诗圣“安得广厦千万间，大庇天下寒士俱欢颜”的家国情怀相提并论，但其表达的“广厦庇士”的感情是相同的。在此，我们要向所有即将翻开《房要好好选》的读者推荐本书。它不仅是一部关于选房的实用指南，更是一部关于建筑学、关于生活哲学的精彩著作。愿你们在阅读中感受到建筑的魅力，领悟到家的真谛，找到那份属于自己的安宁与幸福。

华南理工大学建筑设计研究院副总建筑师

杨晓川

华南理工大学建筑设计研究院副院长

汤朝晖

前　言

大家好！我是亦心，一个爱画漫画的建筑设计师。

除了建筑学，我还选修了历史建筑保护专业，对国学、心理学、中医、营养学等有浓厚的研究兴趣。本书精心筹备了三年，致力于用漫画的轻松方式，将二十多年来设计圈及地产圈的选房经验汇聚融合，跨界关联分析其内在逻辑，给大家得出买房选家问题的最优解。

写这本书的初衷，源于对外进行设计讲座宣讲时，一位年轻女性观众的提问：“你好！亦心老师，请问我刚出社会，应该怎么选好一套房子呢？”

这个问题引发我的深思……选房对建筑学专业的人来说，可能再简单不过，但是对普罗大众而言，的确是一大难题。

深究其中，买到够住的房子已经很不容易了，要买到好房子，就更难了。而且，专业人士也不一定能买到好房，投资失败、砸在手里的比比皆是。

买房对大部分人来说，毕竟是一笔重大的资产投资，稍有不慎，就很容易追悔莫及。

买房时，购房资本是一回事，住进去是否称心舒适又是一回事。它关系到家人的日常使用：生活是否便利、环境是否舒适、社交是否开心……涉及种种，一旦遗漏，就很容易有“选错”的遗憾。

笔者有个女性朋友，由于其租住的房子有设计缺陷（主卫门对床），使其在后续居住期间一直倍受湿气侵扰，但又难以换房，导致苦不堪言。因此，选房不单要看户型、性价比或是空间大小，还要尽量权衡涉及的所有要素，才能达到优中选优的目的。

当然，房子选错，出了问题，是可以通过换房、租房来解决的。但是，搬家毕竟是一件伤筋动骨的麻烦事，居住者好不容易建立的社交圈（特别是老人、小孩的），也不希望就此断掉从头再来。因此，选房时，能火眼金睛、一步到位，就最好不过了。

在这里，我引入一个“暖家”的概念，所谓“暖家”——就是居住的家能像暖男一样，可以在身心俱疲的时候，给人以心灵港湾的感受，让人重新充电，恢复好元气、能量满满地应对每一天。

选对了“暖家”，就像找对了人，跟对的人喜结良缘，从此幸福美满、舒心顺意。而选错了房，则像遇到了不良善的人，严重影响生活质量，就算怎么装修折腾，都很难弥补……

因此，本书主要针对四类人群：

1. 正在选房的——需要有选房知识的；
2. 准备装修的——需要对设计有优化建议的；
3. 已经居住的——看看有什么需要改善的；
4. 爱好设计的——对住宅设计学问有研究兴趣的。

最后，希望通过阅读本书，大家都能顺利找到专属于自己的真命“暖家”，从此过上安居乐业的美好生活。

亦　心

2024年8月

目录 CONTENTS

区位

配套

户型

Part.01 引　言

为什么要学选房？…………………… 1

①为什么不能“一步到位”？ ………… 3
②什么是“全龄宅”？ ……………… 10
③买房是买什么？ ………………… 16
④选房三大策略 …………………… 21

Part.02 区　位

既要看现在，也要看未来 …………… 25

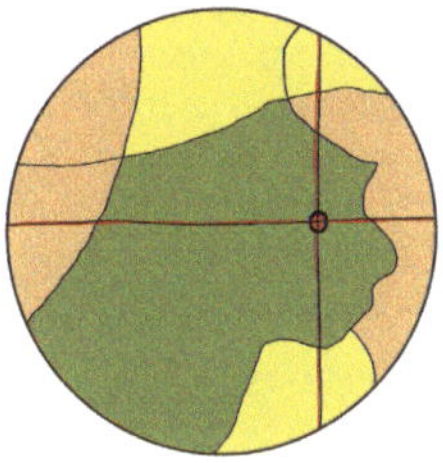

①看城市能级 ……………………… 31
②看交通路网 ……………………… 41
③看有利与不利因素 ……………… 50
④看规划兑现力 …………………… 73
⑤看未来发展趋势 ………………… 80

Part.03 配 套

既要看内容，也要看实力……87

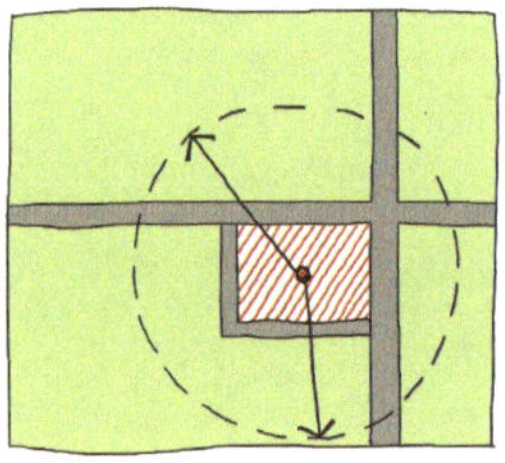

①看必备配套……91

②看全龄社区……98

③看风雨活动区……113

④会所有还是没有好？……123

⑤看品牌实力……129

Part.04 户 型

既要住得下，也要住得好……141

①看日照规划……143

②看通风规划……151

③看视线规划……159

④看懂指标很重要……165

⑤家庭房间要留足……177

⑥玄关——收纳永远不嫌多……183

⑦ 客厅——客厅也可做咖啡厅 ………… 194
⑧ 厨房——要做饭也要交流 …………… 208
⑨ 厕所——小空间大玄妙 ……………… 219
⑩ 主卧——别有洞天小家化 …………… 229
⑪ 衣帽间——既要有也要优 …………… 241
⑫ 儿童房——合住还是分开 …………… 250
⑬ 老人房——有暖阳宜做老人房 ……… 263
⑭ 阳台——要阳台还是房间 …………… 275
⑮ 走廊——不要浪费沿街面 …………… 284

后　记

有爱的家，就是最好的暖家……………… 296

Part. 01

引 言

——为什么——要学选房？

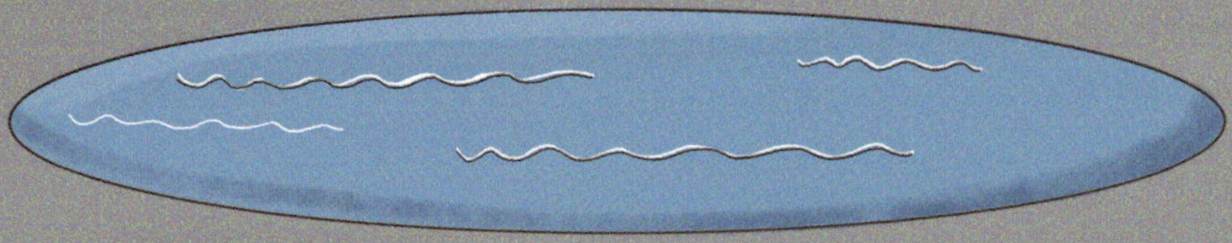

有钱就能买到好房了吧？
不一定哦！

① 为什么不能"一步到位"？

问：中国人平均多少年会换房？

答案：

6～8年

——数据来源于中国统计年鉴

参考其他国家居民平均换房时间：

日本：≈7年

美国：≈7年

英国：≈7年

人成年后换房次数约为3次，所以理想换房时间≈15年

为什么不能"一步到位"？

人生阶段不同，"需求"不一，购房能力不一，导致对房子的需求一直在变。

阶段“需求”——[家庭维度]

购房“能力”——[资产维度]

住房“情况”——[使用维度]

买房对大部分的人来说，都是人生一次大型的资产投资。

它总价高，产品复杂性大，使得人要不断打怪升级，才有可能够得到“天上”的那套房，有幸把它收入囊中。因此买房时，能尽可能地一步到位，选对自己的“暖家”至关重要。

②什么是“全龄宅”？

很多人买房的时候都想一步到位，然而由于人生历程不同，每个人生阶段对房子的需求也不尽相同……

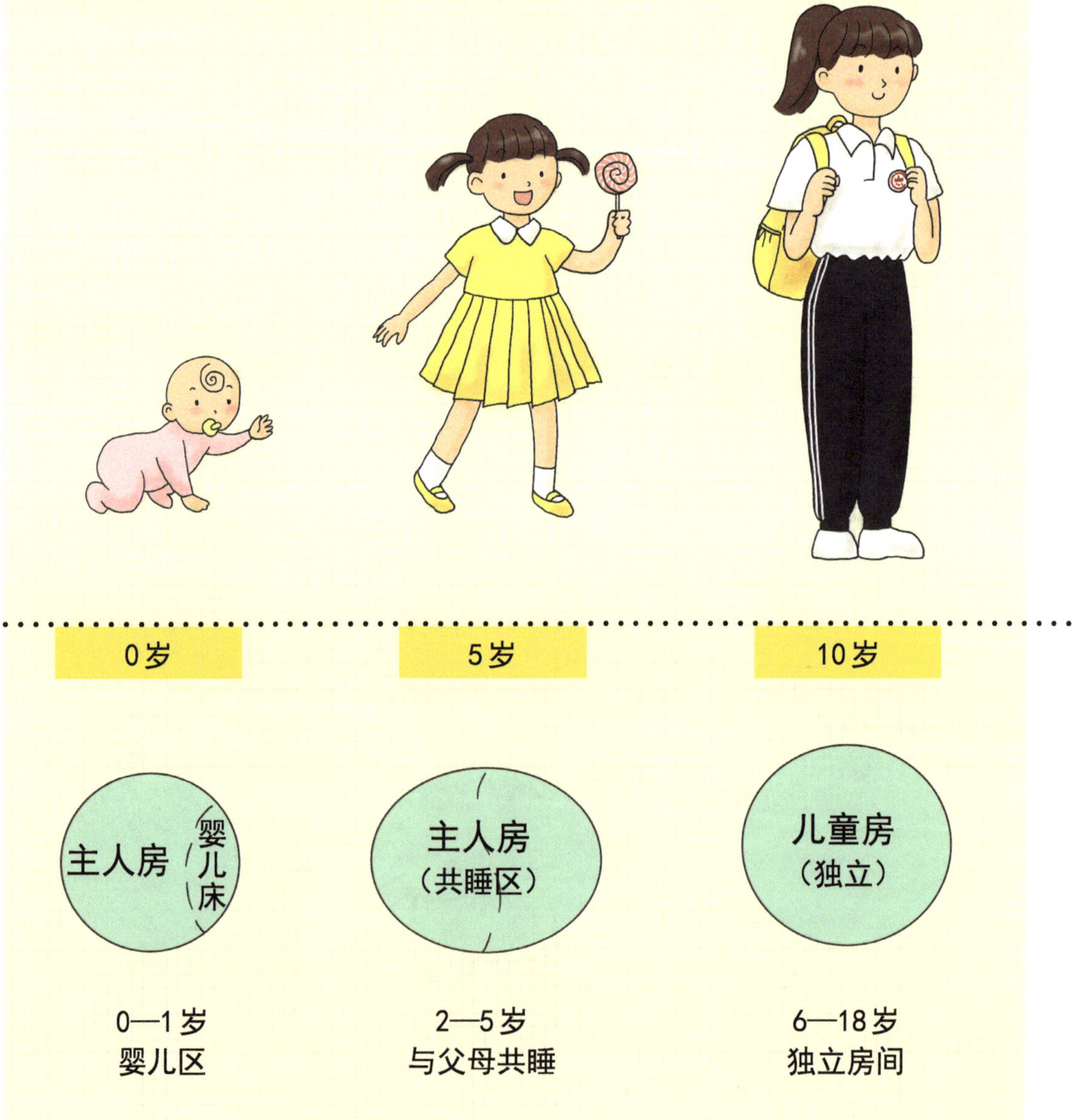

一开始需要的也许只是父母床边的一角、一张小小的床，或是一个次要的卧室。随着年龄的增长，则慢慢地因应家庭结构的变化而改变：一房一厅、两房一厅，甚至到三房两厅……

20岁

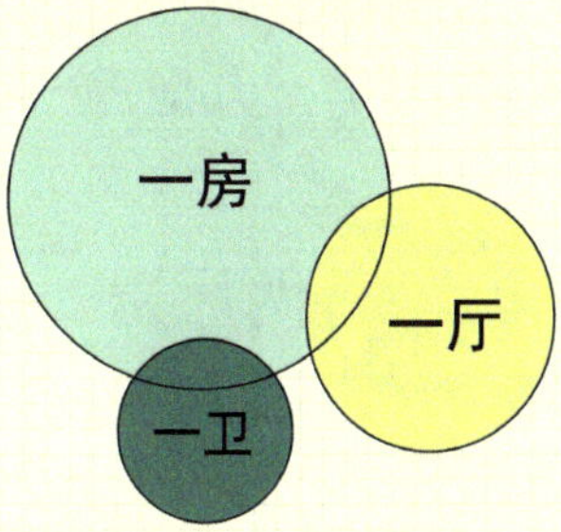

19—28岁
一房一卫
独立打拼／合租

30岁

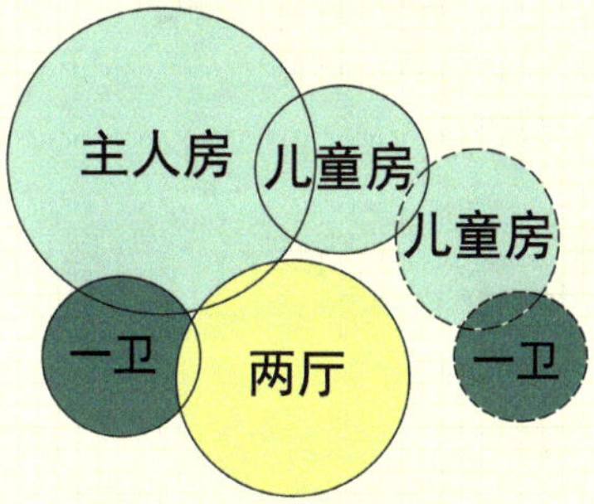

29—35岁
两房一卫／三房两卫

自我意识觉醒、三胎时代的到来，更是让很多家庭对房间数量的需求激增，以满足办公、娱乐、育儿等使用。再加之传统的“孝顺情结”，与家人同住是常态化的社会需求。

市面上常见的三房两厅格局，已经很难满足所有人的需求。

40岁

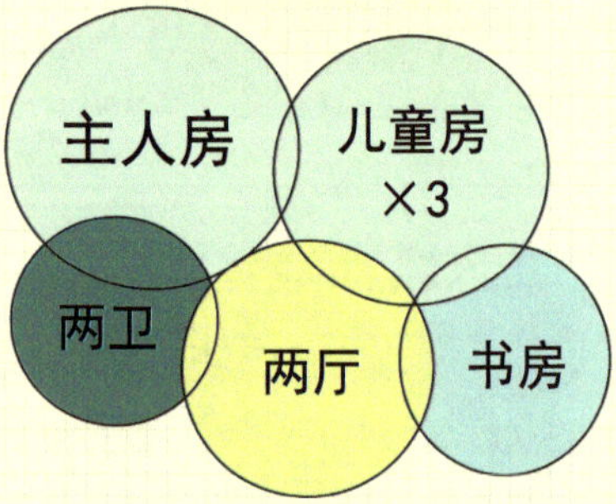

36—45岁

四房两卫/五房两卫

建议留一房作为爱好空间

50岁

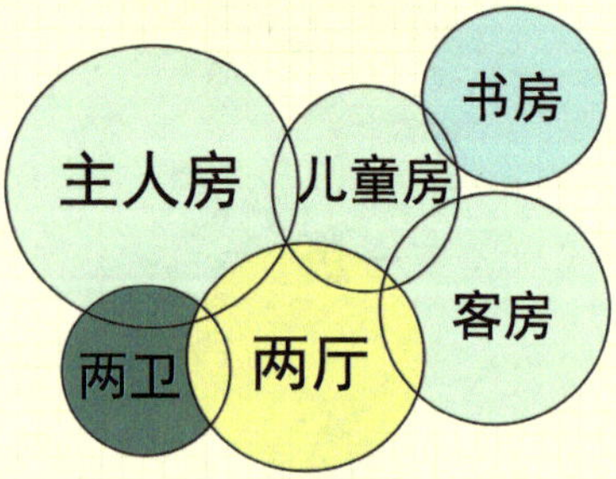

46—55岁

三房两卫/四房两卫

随着年龄的增长，孩子们的离巢，家庭对房间数的需求不增反降，空置的房间可以用作老人生活的爱好空间、储物间或子女们回来时暂住的客房。

到了晚年的失能阶段，还可用作老人分房或护理人员的夜陪暂住房间，以适应不同的使用需求。

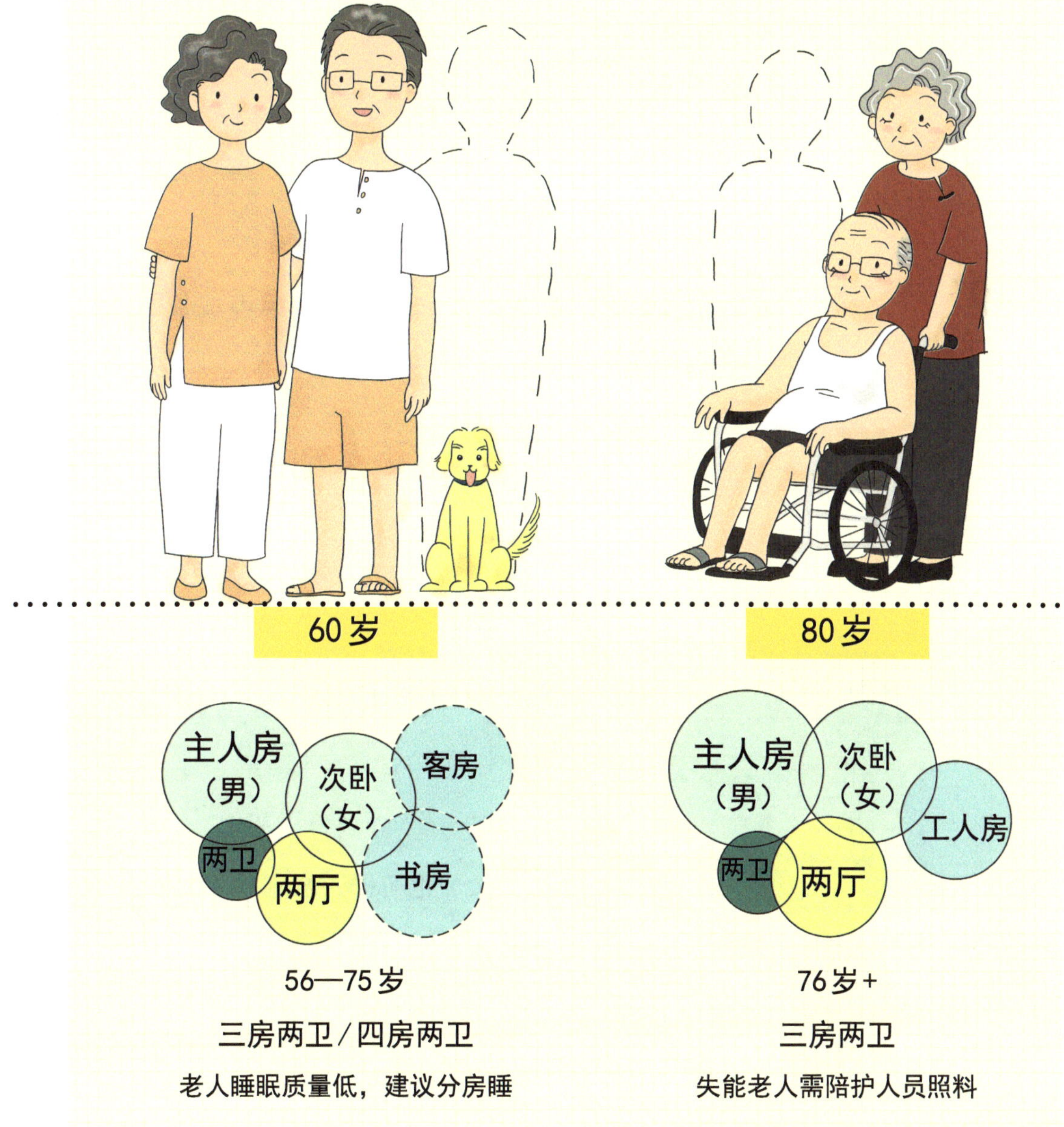

随着人生的不同阶段，从刚需—刚改—改善，不断地择地而居，频繁换房，只会让人疲于奔命，苦不堪言……

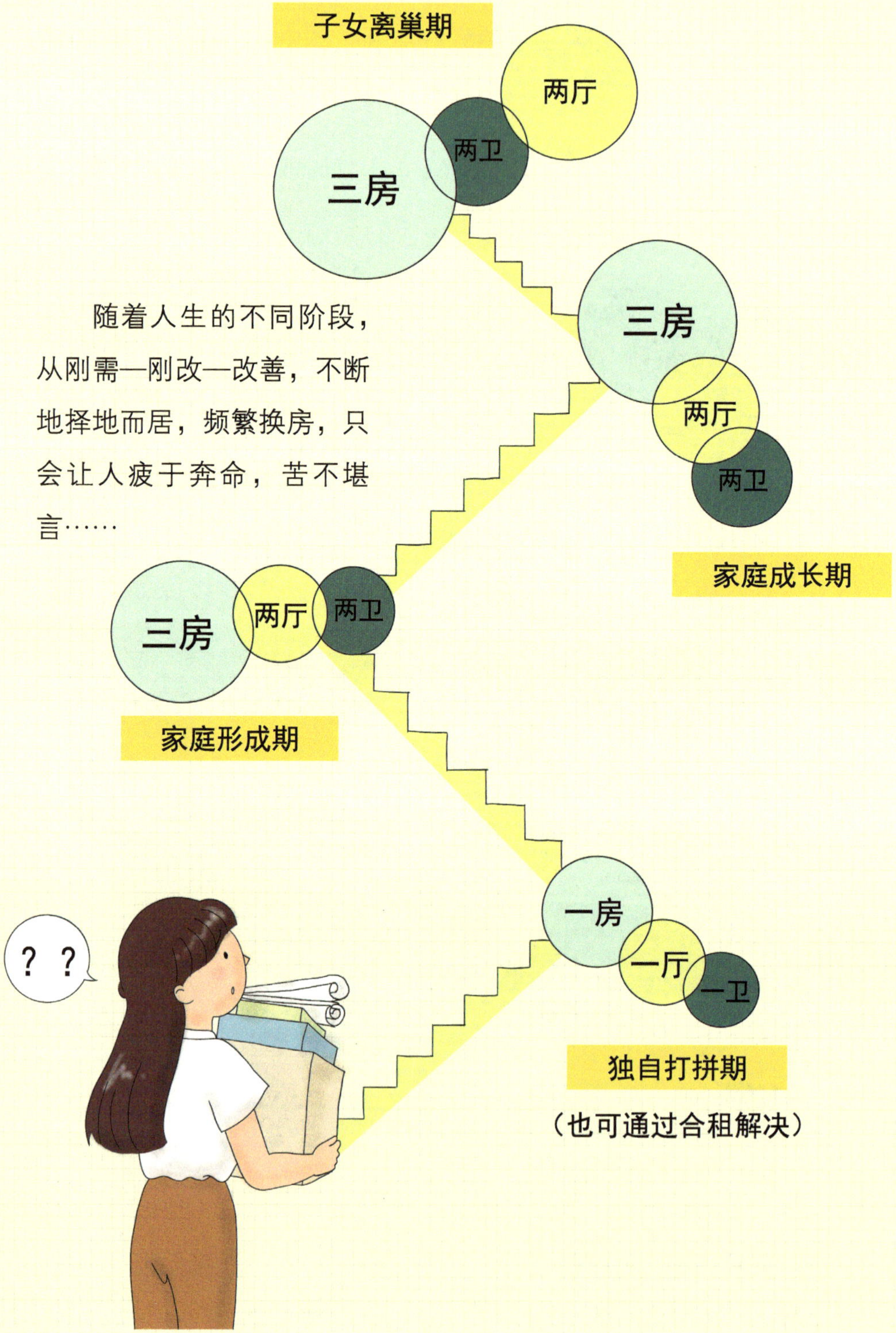

能满足人使用的全生命周期需求的住宅，为“全龄宅”，也就是能涵盖“儿童—中青—老年”不同人生阶段所有的生活需求，能舒心地住“一辈子”的房子，真正不变的家。

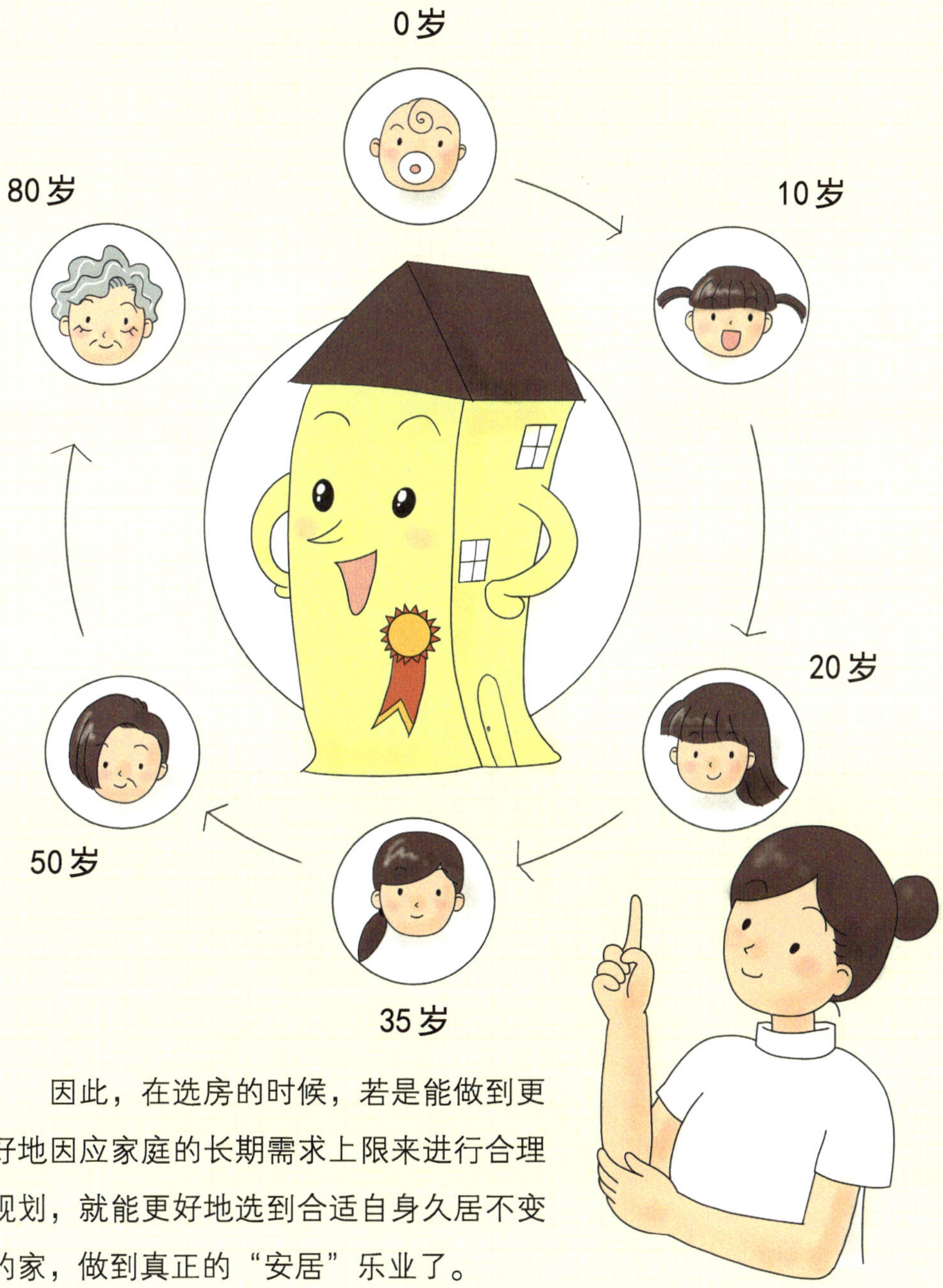

因此，在选房的时候，若是能做到更好地因应家庭的长期需求上限来进行合理规划，就能更好地选到合适自身久居不变的家，做到真正的“安居”乐业了。

③ 买房是买什么？

首先，什么是“家”？

家——不单是一个物理空间，还有其他更深远的含义。

马斯洛需求五个层次

为什么选房要选“暖家”，而不只是选房、宅、楼？

中国文化博大精深，这些概念很容易就会混淆……

家的来源

家的定义源于距今3 500多年前的商代，“宀”代表有屋顶能遮风挡雨，“豕”（shǐ）代表家中有猪作为储备粮食。

居有其所，食能果腹，为之“家”。

因此，家既要有物理空间——住；

也要有精神安全保障——吃；

“我都要！”才是成年人的选择。

④选房三大策略

选房到底要怎样才能选到“暖家”？

让我们先梳理一下居住需求：

物理空间需求

- 区位便捷
  - 通勤上班
  - 医、学、体
  - 购物等
- 生活场所
  - 邻里交往区
  - 风雨活动区
  - 户内居所
  - 物理环境

精神满足需求

- 物管服务
  - 管家式服务（品质物业、24小时待命等）
  - 智能化配置（人脸识别、智能呼梯等）
  - 节庆活动、社区生活
- 生活品质
  - 生活仪式感（序列/轴线空间）
  - 名师设计（有调性）
  - 品牌配置（有保障）
  - 施工品质（先进工法、工艺、用料等）
- 城市价值
  - 升值、落户

结合“暖家”的各个层次，

再梳理一下需求……

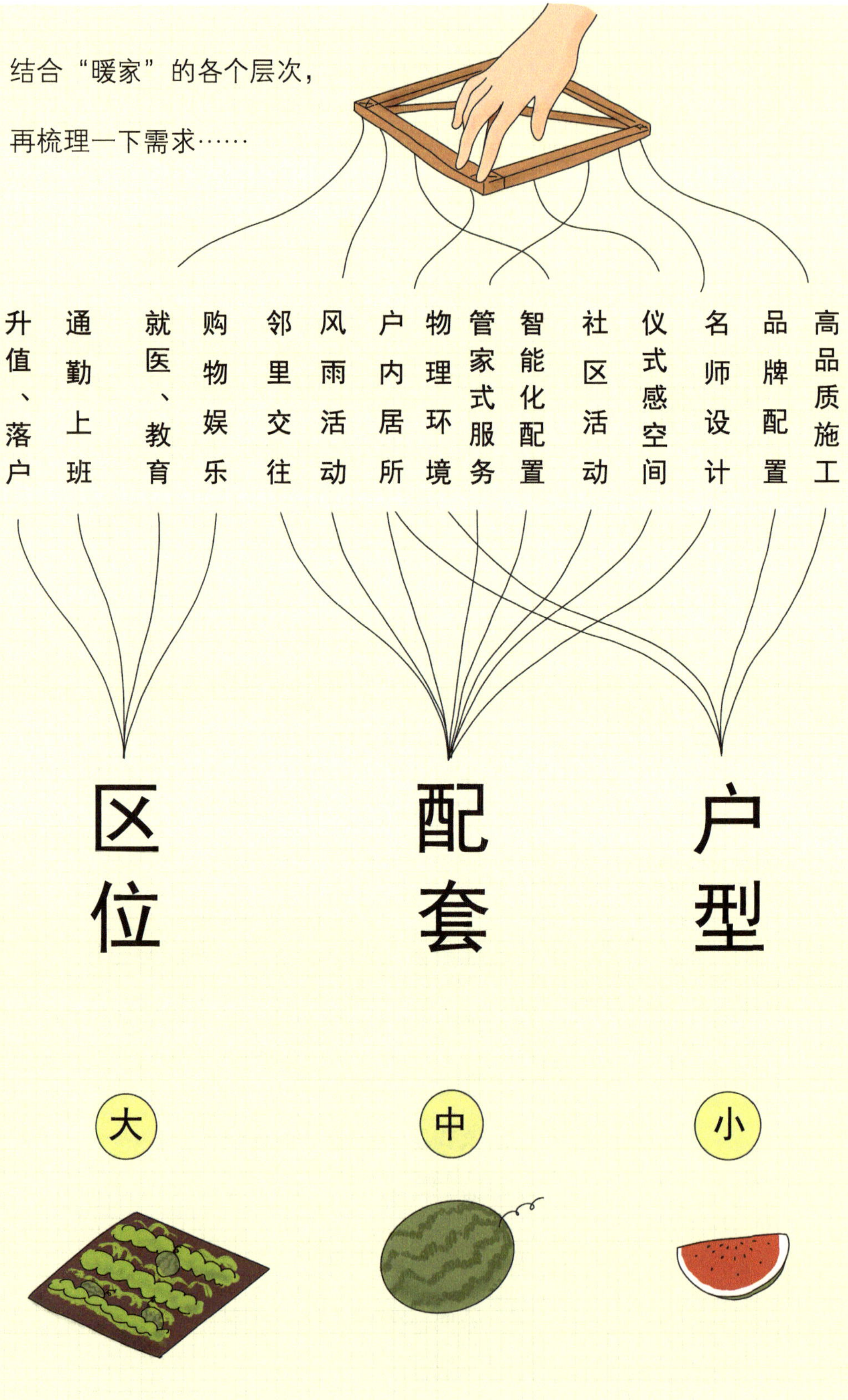

选房策略

所谓大道至简，真相往往很简单。通过笔者梳理，本书将从大到小，在区位—配套—户型3个层面，力求将建筑设计圈及地产圈的那些选房方法，通过1页1画，25大注意项，128招，300多幅手绘画倾囊而出，致力于帮助大家选到自己的暖心好家！

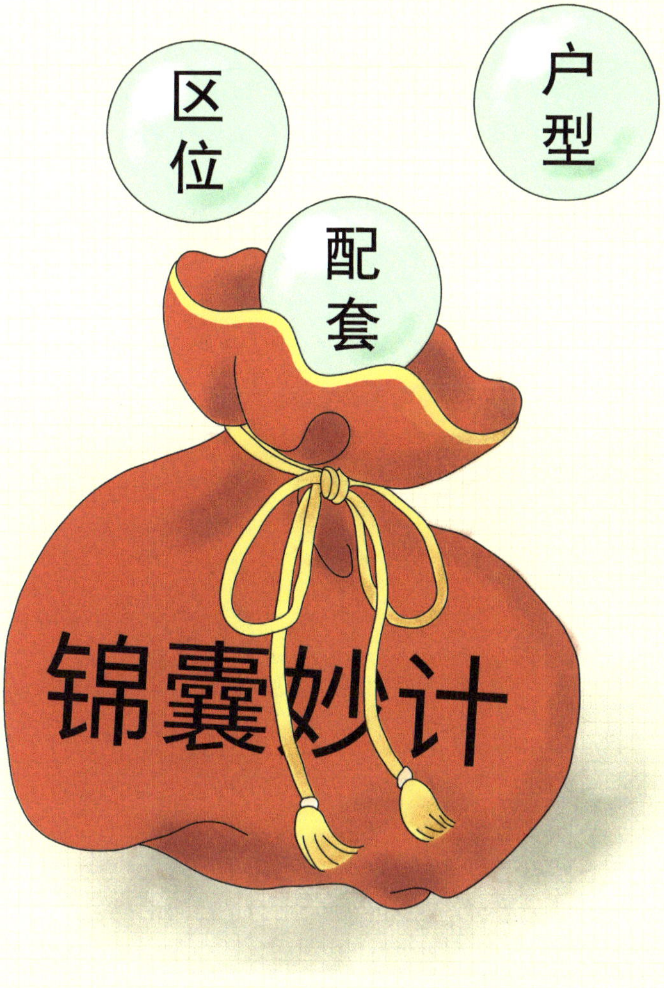

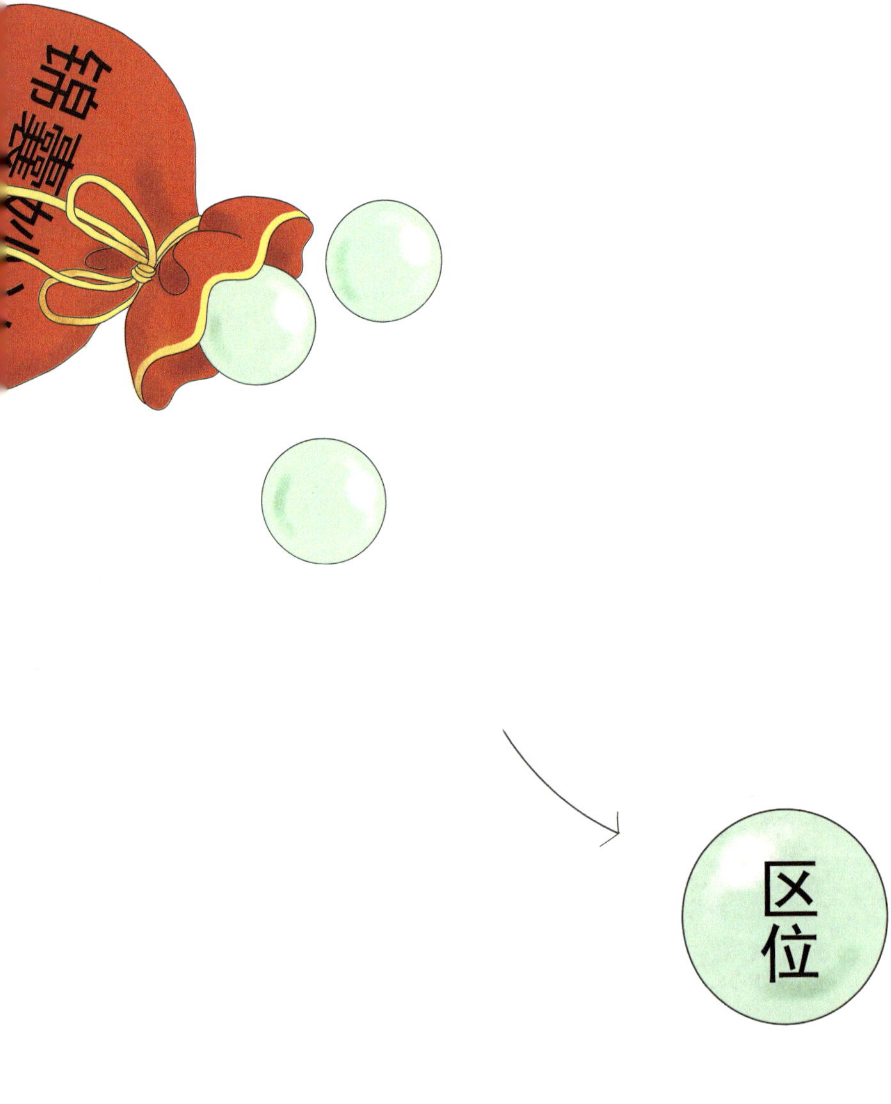
锦囊妙
区位

Part. 02

区位

—既要看现在—
也要看未来

怎么挑好菜地？

什么是区位？

大家都知道，区位好的房子，可以保值，甚至增值，幸运的话最终房产价值能翻好几倍；那到底什么是区位呢？什么样的区位，算是好的区位呢？

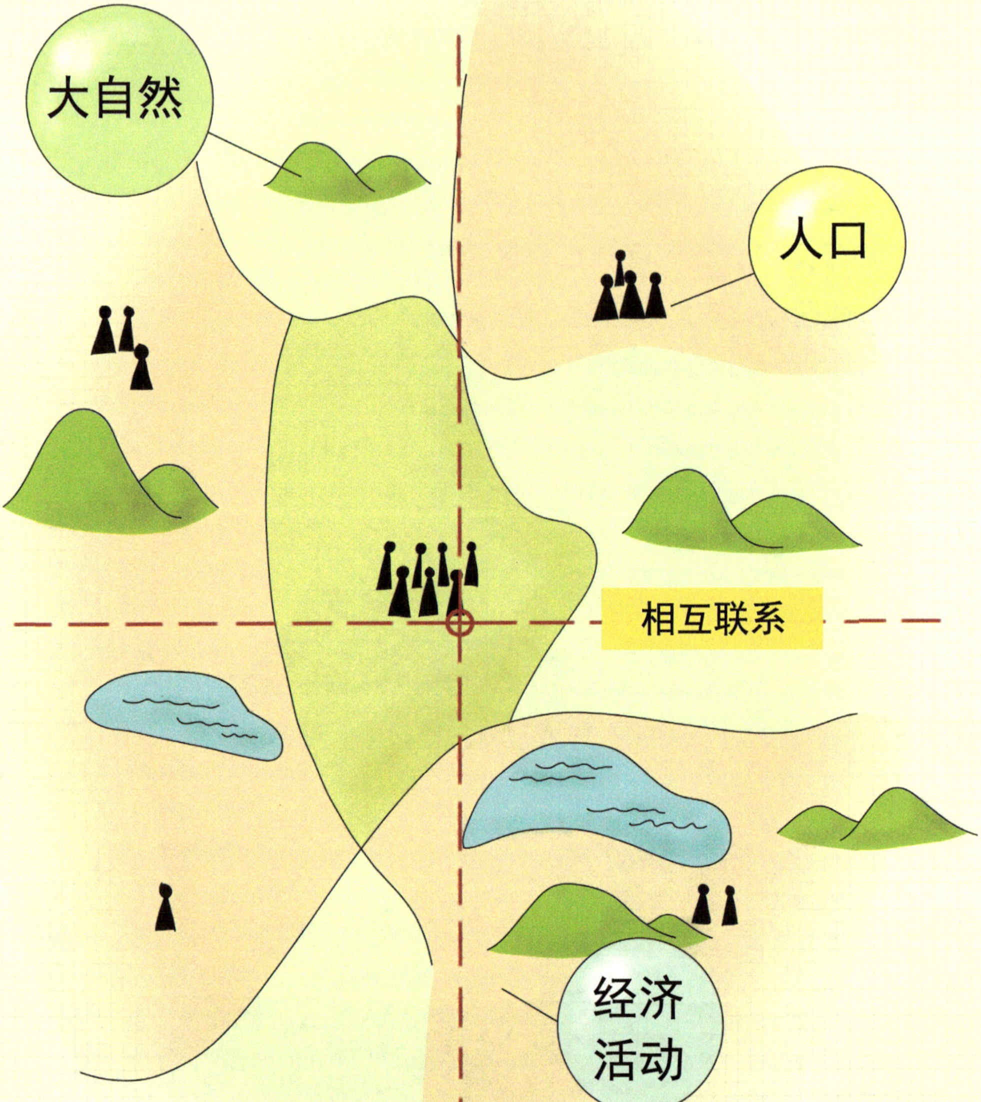

区位，是指事物的空间几何位置，

是自然界各地理要素与人类社会经济活动之间相互联系与作用在空间位置的反映。

选好了区位，就意味着选好了与自己适合相处的环境、人群以及经济面，也就是选房策略中“点—线—面”三者关系中的“面”！

“选区位五大秘诀”

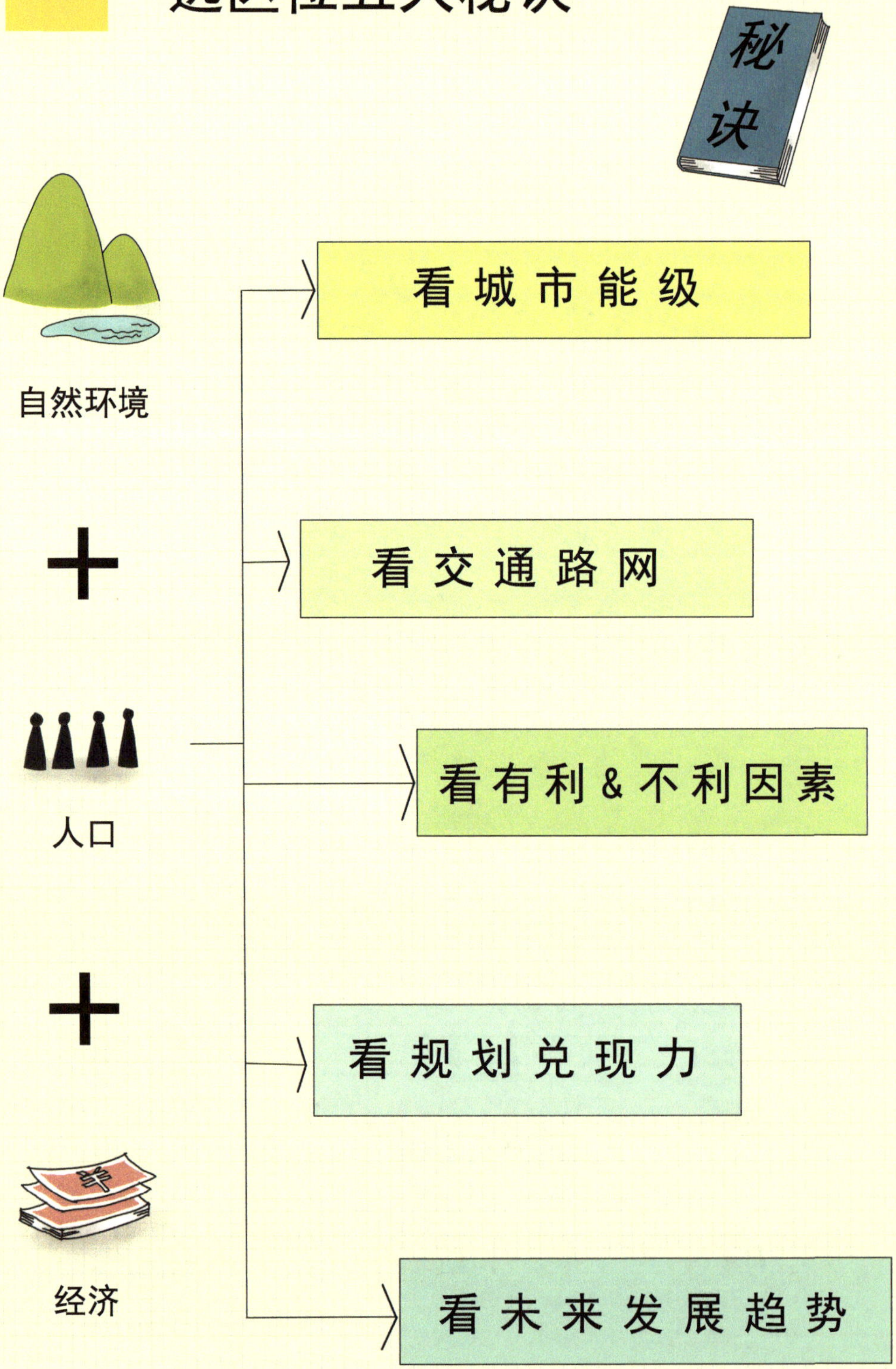

① 看城市能级

首先我们熟悉一下概念，这里有几个定义：

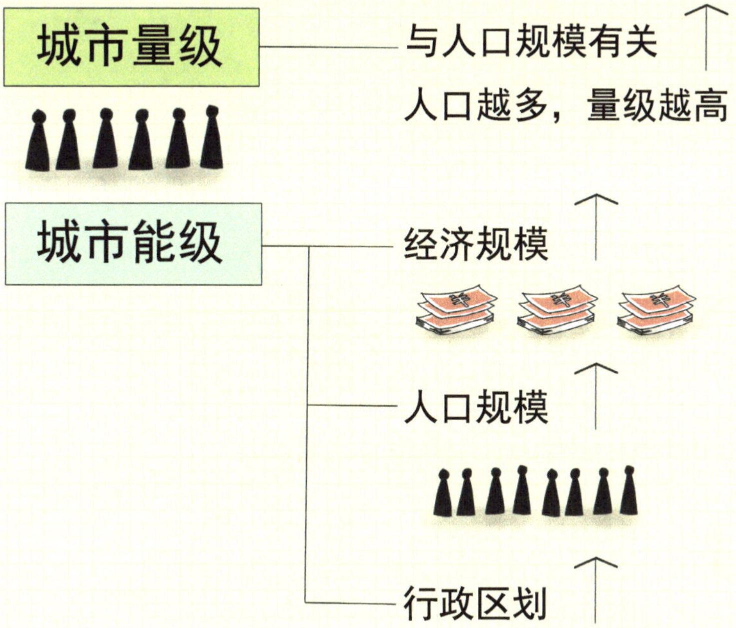

城市能级——经济、人口规模越大，行政区划等级越高，城市能级越高。

城市能级差异

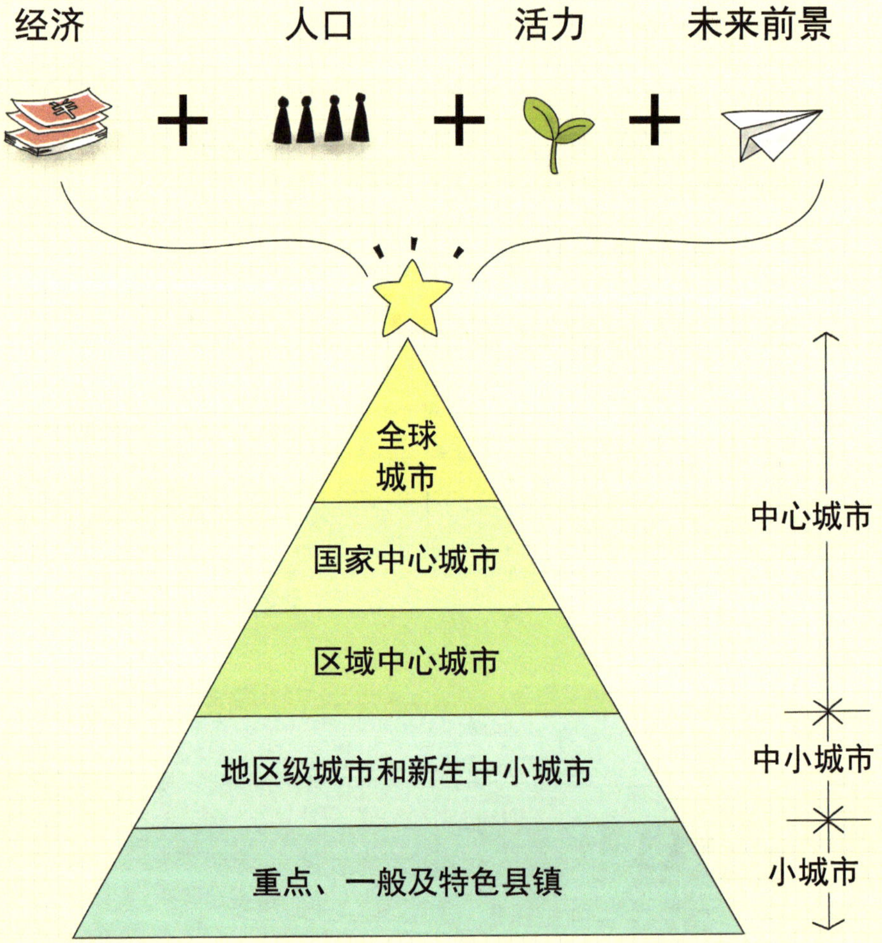

资源越优，结构越好，能级越高。

但能级太高，不一定适合自己……

“高能级城市”

高能级城市公共配套丰富，工作机会多，能满足各项生活需求，但往往伴随着交通拥堵、自然环境差等劣势。

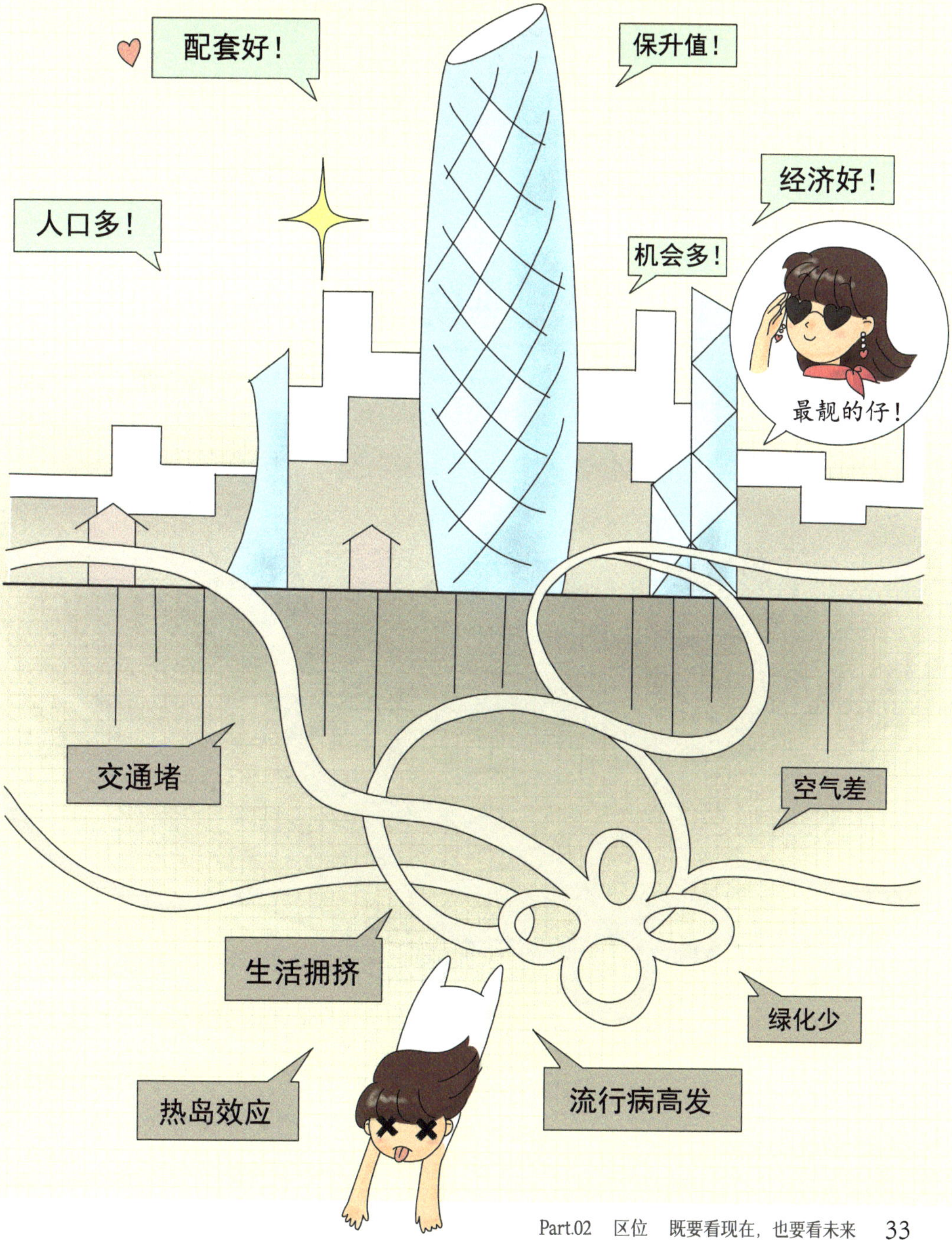

由于资源集合使用，因此高能级城市在城市竞争力、影响力以及辐射力方面较低能级城市更胜一筹，城市活力更佳，更有利于创造性及创新型人才发展及集聚。

“低能级城市”

低能级城市公共配套欠缺、生活不便、工作回报低，但能享受更优质的自然环境，更能实现工作与生活的和谐。

科学研究表明，良好的自然环境可使脑效率提高15%～35%。我国江南地区从古至今就人才辈出，一定程度上也是得益于其山清水秀、优美绝伦的自然环境。

城市VS乡村

很多人都倾向于往大都市挤，因为大城市机会多、生活多姿多彩，觉得不在一线城市扎根就是没奋斗、没出息。但在城市则可能蜗居在狭小空间或是地下室，从而可能损害了自己的健康。

常言道："鱼与熊掌不可得兼。"

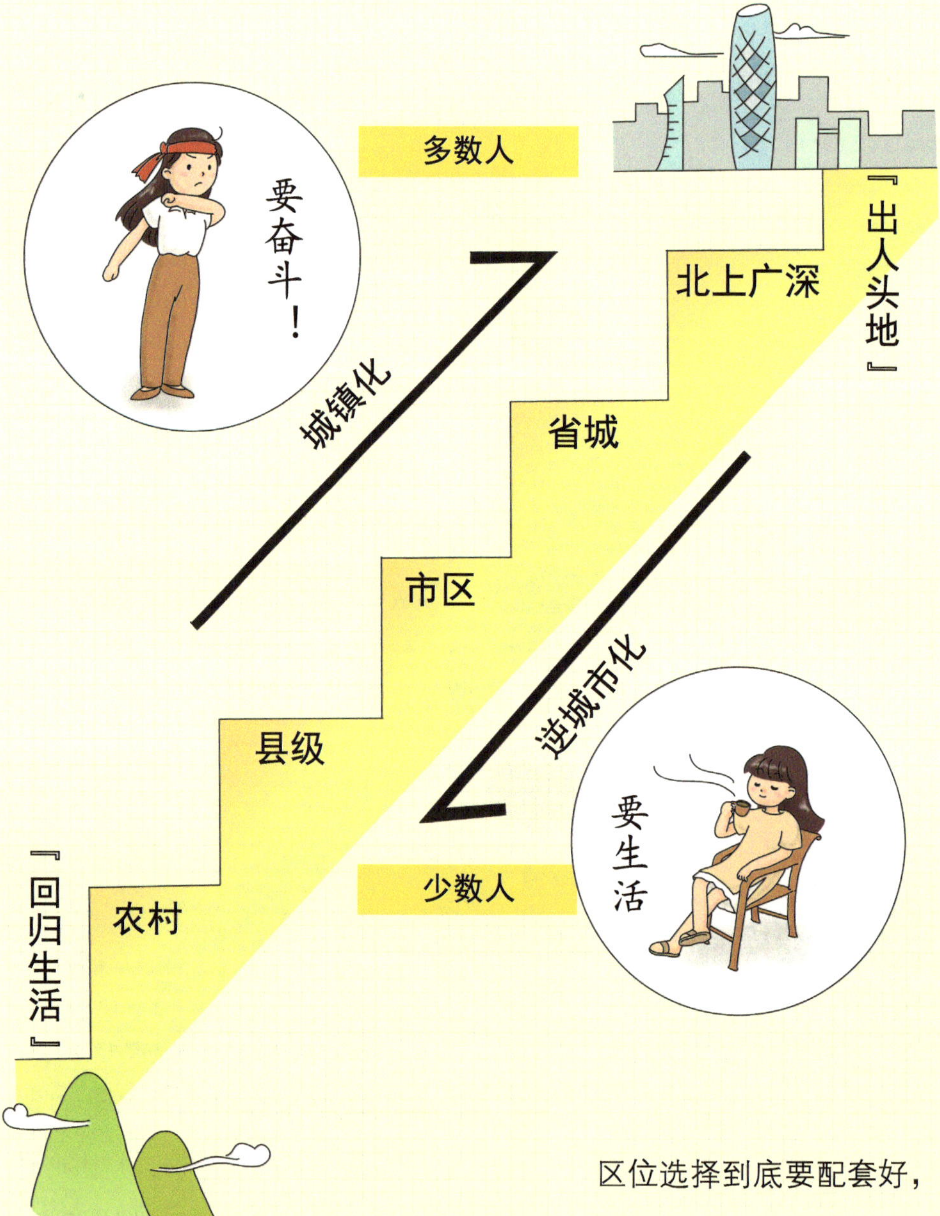

区位选择到底要配套好，

还是要自然好，

没有对错，按需选择即可。

划重点！

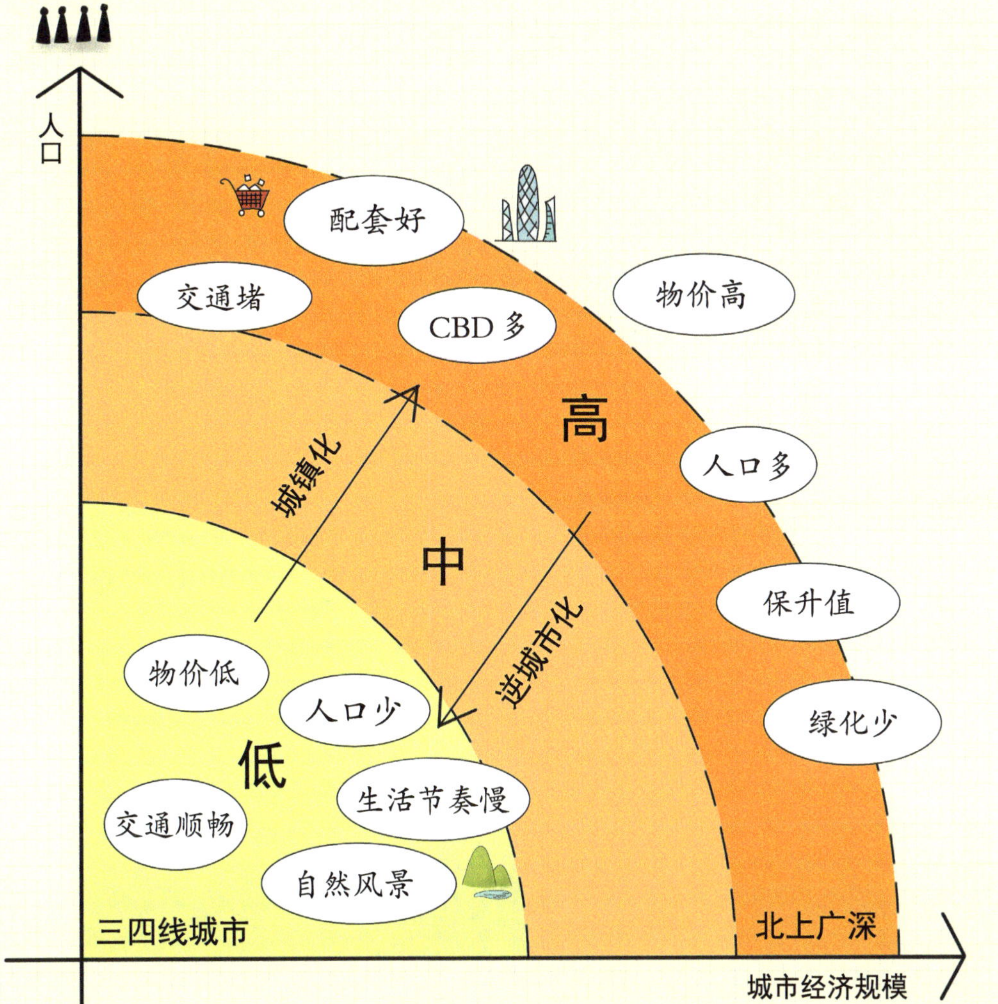

城市能级分布图

关键点：

城市能级越高，配套越好，保值能力越好。城市能级越低，则自然环境条件越好，交通更通畅。

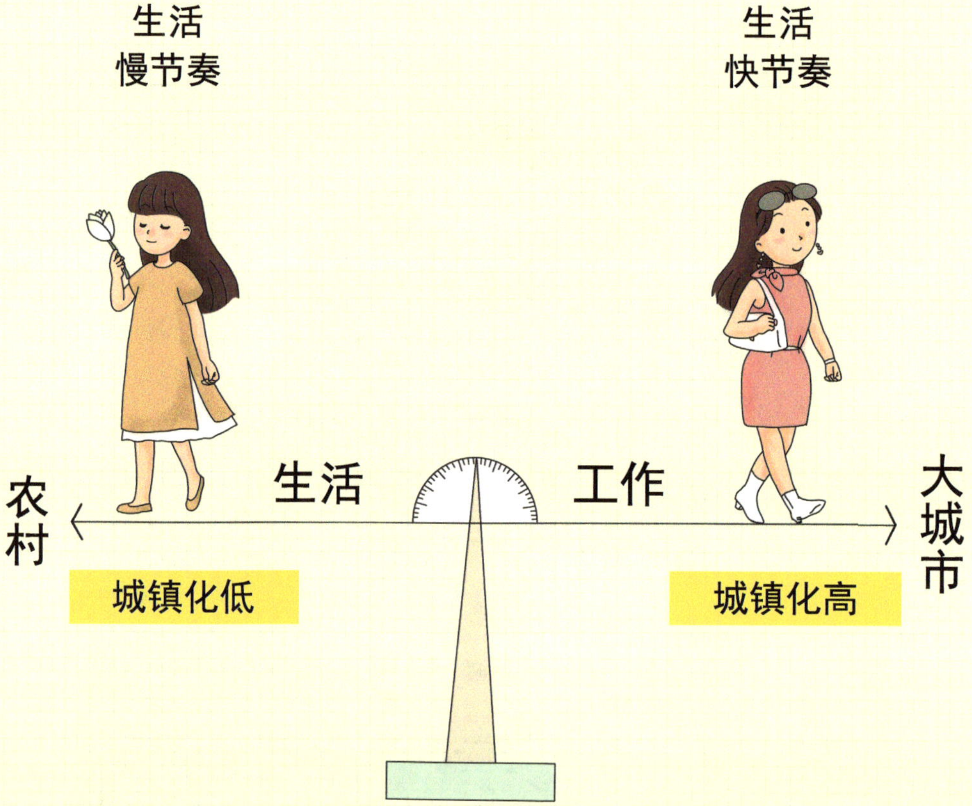

祝愿大家找到适合自己的节奏……

毕竟开心最重要……

② 看交通路网

俗话说得好：路通，财通。

区位交通路网的通达性、密度、等级等，均影响着地块价值及未来升值潜力。

看路网密度

常规来说，路网越密，土地未来的升值潜力越好。一般除通过现有路网（地图）的密度来判断，还可以通过查阅地区交通未来的五年规划，来看未来路网的发展趋势。

看交通种类

此外，交通种类也很重要，多种交通工具代表更多的选择，能提高人流物流运转的效率，提高城市活力及竞争力。

看设施远近

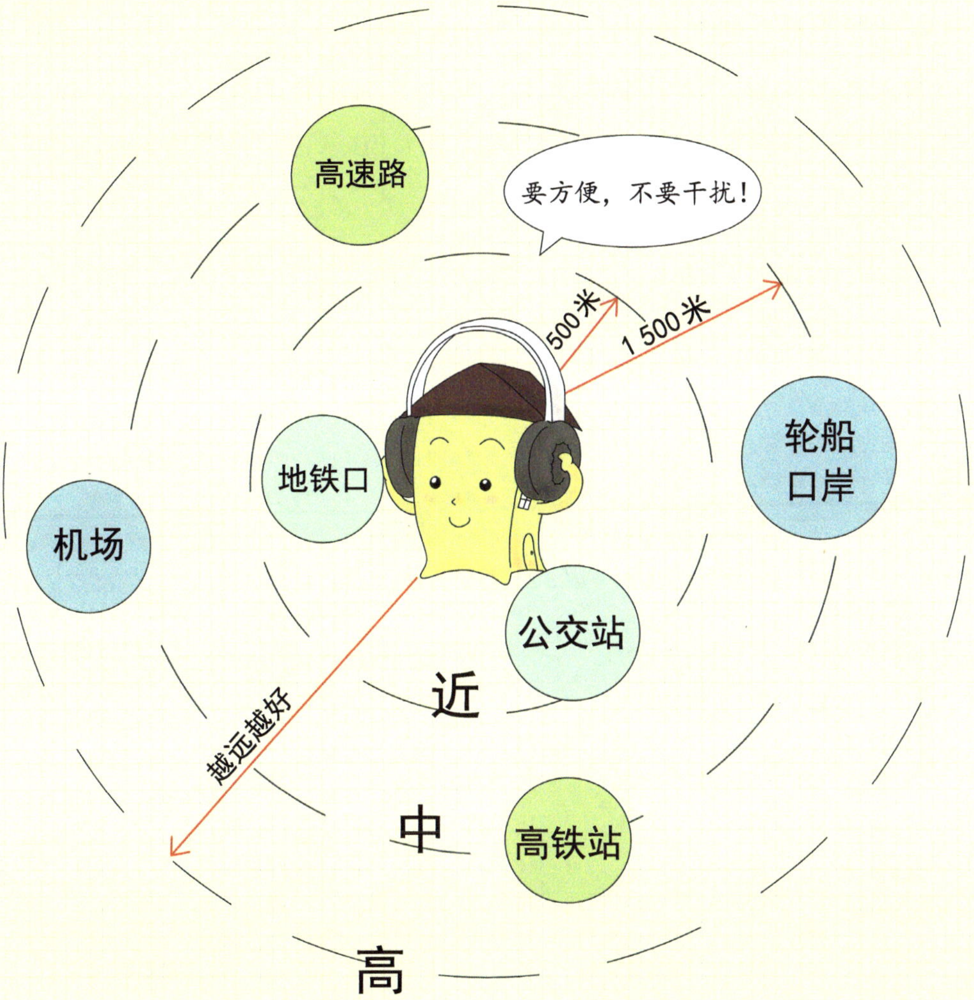

除了路网密度，区位中的交通枢纽及线路的位置，也十分关键，理想状态是：

噪声影响低的，越近越好；

噪声影响高的，越远越好。

——凡事都需在一个合理的范围内，具体参考距离见上图。

国家住宅设计规范标准中，住宅噪声白天不允许超过50分贝（理想为 < 45分贝），夜间不允许超过40分贝（理想 < 35分贝）。

故机场起飞场地5千米～10千米半径范围内不适合人居住，不然会常受噪音干扰，影响睡眠质量，导致精神健康受损。高速路以及高架桥的影响雷同，建议距离至少 > 30米～50米，故在选房时候需要注意规避。

*注：文中涉及的规范要求以最新的地方及地区规划技术要求为准。

然而，像公交站、轮船码头、地铁站点等这类噪声干扰少的交通设施，越近则越能提高日常通勤生活的便捷性。

如现在很流行的TOD（transit-oriented development）概念住宅小区，就是因交通便捷，5～10分钟内可以到达交通站点而获得人们的青睐。而且轮船等交通工具往往可以跨海走捷径，从而便于减少交通花费时间。

看绿化屏障

交通便捷，往往会带来视线、声音及空气的环境污染。因此，选房时也需注意看城市规划针对交通的绿化屏障设计。

如：新加坡政府的住宅组屋规划，一般住宅小区与快速道路之间，会设置30米宽的防护绿化带，防护绿化带中央土坡隆起，里面的区域结合高低不同的植物如乔木、灌木、地被的搭配，从而有利于达到降噪、除尘、净化空气的效果。

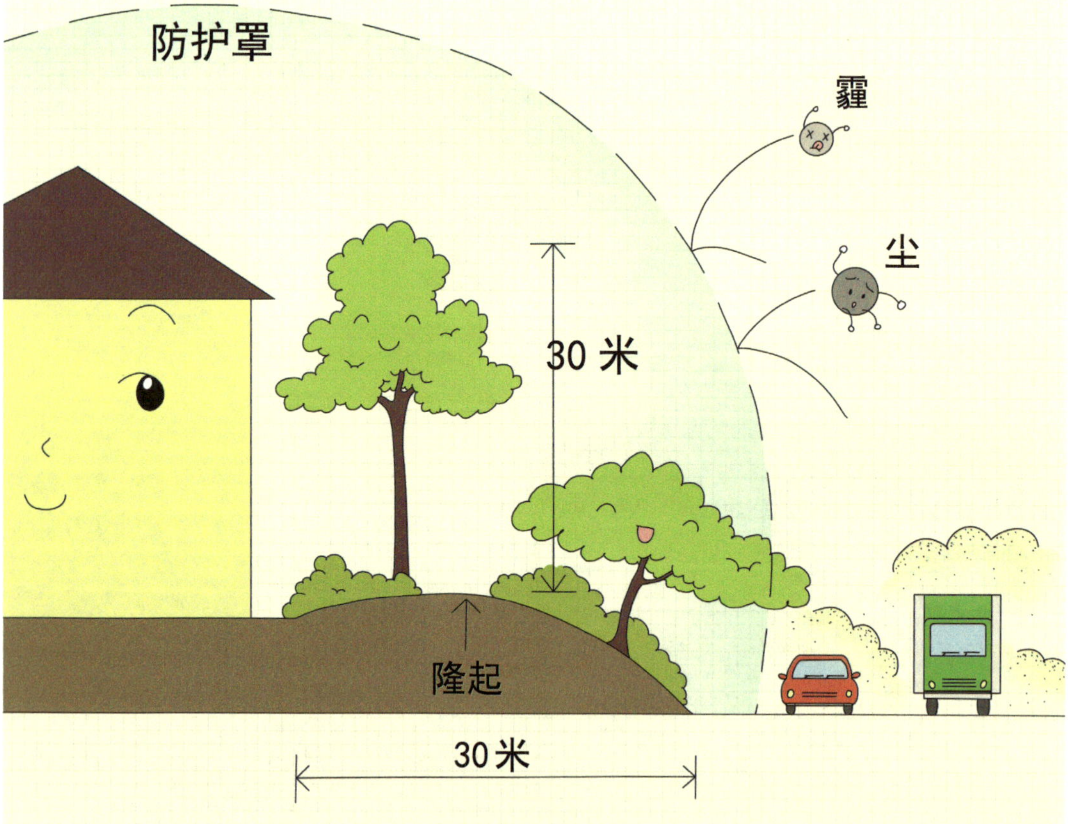

防护绿化带

划重点！

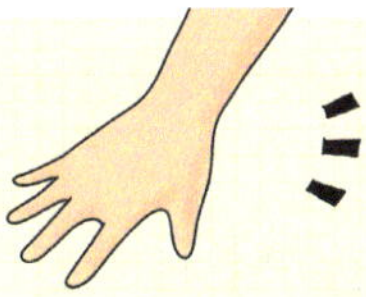

- 路网密度越大，土地升值潜力越大
- 交通工具种类越丰富则越便捷
- 交通枢纽及路网需因应性质决定距离
  - 近 地铁、公交、码头
  - 中 高速路、高铁、高架桥
  - 远 机场

③看有利与不利因素

一般楼盘销售时，都会应政府要求在沙盘或公示区，展示楼盘红线（用地）内外的不利因素。

虽然图片文字很小，但内容很重要，一定要仔细看好了，不然就容易错过关键信息。

*如果自己找不到，可向销售进行询问。

看不利因素

不利因素有很多，一般是影响健康的各种环境因素，也就是周边环境空间中的辐射、噪声、空气、视觉等污染，如高压电线、工业废气等。也有一些是未来才影响环境的，如高架桥，规划中的建筑、施工工地等，一般理想的状态是离得越远越好，少见为妙。

辐射污染

产生辐射影响的有电房、发电站、信号塔、变电站、高压线等。

辐射源半径50米范围内不宜居住。有条件的尽量大于1千米，越远越好，不然会干扰人体本身的磁场环境，从而易对身体健康产生不良影响。

- 风力发电站≥200米/500米
- 垃圾发电厂≥300米
- 热电厂≥500米/5千米/50千米
- 水力发电站≥200米/500米
- 信号塔≥200米/500米

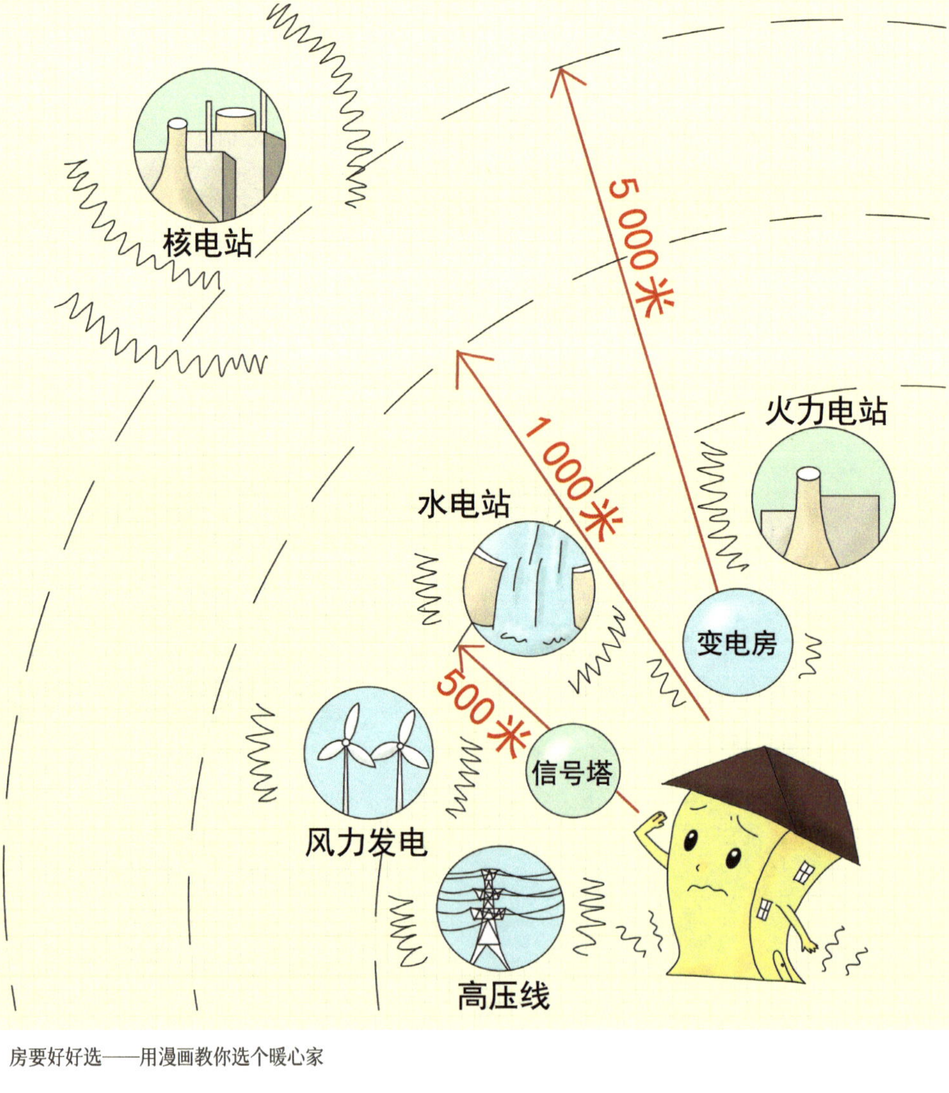

空气污染

空气污染方面，居住区不宜布置在污染源常年主导风的下方，不然受污染的废气易直吹家中。

空气污染源有很多，如污染空气的水泥厂、垃圾填埋场、酿造厂、塑料厂、钢铁厂、炼油厂、铸造厂、火电厂、化工厂、陶瓷厂等，以及其他废弃土地（土质受污染，会挥发有毒气体）。

当然，城市规划本身，一般会兼顾各功能区设计的合理性，除非是因旧城改造而改变土地属性的，如绿地改工厂或住宅。

所以，选房的位置时，最好让污染源远离，或让其在小区主导风向的两侧，进行法线错开，这样就怎么吹都影响不大了。

水体污染

同理，污染水源的工厂，如电镀厂、皮革厂、水泥厂、印染厂、造纸厂、炼铝厂等，需布置在居住区的下游，以免污染住宅区的生活饮用水源，对健康产生隐性影响。

*注：环保法要求工厂排放水要达标，否则可进行举报。

噪声污染

除前面提到的多种影响，其他的诸如公交站场、矿厂、采石场、施工工地等也需注意，由于会产生强震动及噪声，并且有粉尘飞扬，严重影响到居住环境质量。

长此以往，由此引发的噪声污染、空气污染等，有可能会导致居住人的睡眠休息不良、情绪不稳、冲动易怒，进而引发家庭矛盾争吵变多，选房时需要注意规避。

设计避雷——尖角

在规划及环境心理学方面，也有众多设计雷区需要注意避免。如：尖角正对——被附近建筑物尖锐的墙角（角度≤90°时）或屋檐直对，导致视觉上出现锐利的穿插，易引起心理的不适感。

环境空间的边界讲求有序性与安全性，此情况会破坏住户对环境边界的安全感，易使其产生不安心理。如实际无法避免的，可通过窗帘常闭或放置植物来进行视线的遮挡。

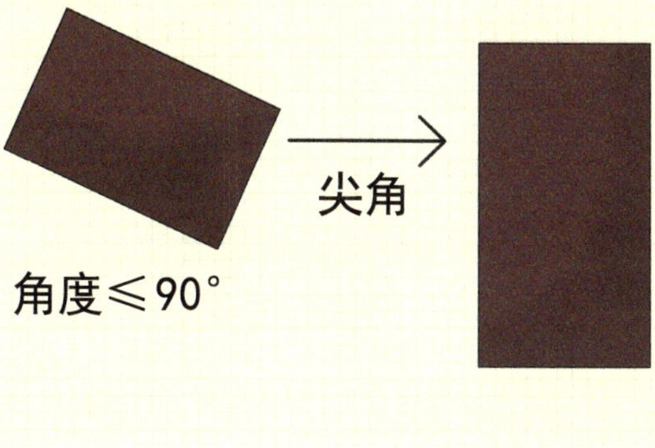

设计避雷——道路

众所周知，道路是城市里主要的噪声源，充满了噪声及空气污染，在路口处还易有事故发生。因此，如住宅大门或窗户正对街道，会使住户容易受道路噪声及空气粉尘的污染，长期处于噪声环境下，可能诱发人的不稳定情绪。

高架桥、十字路口等也是同理，选家时候需要重点规避。如实在无法避免此情况，可用窗帘或植物进行遮挡，来阻挡直冲而来的噪声，或可以调整出入口或窗户方向，使其不正对。

设计避雷——反弓

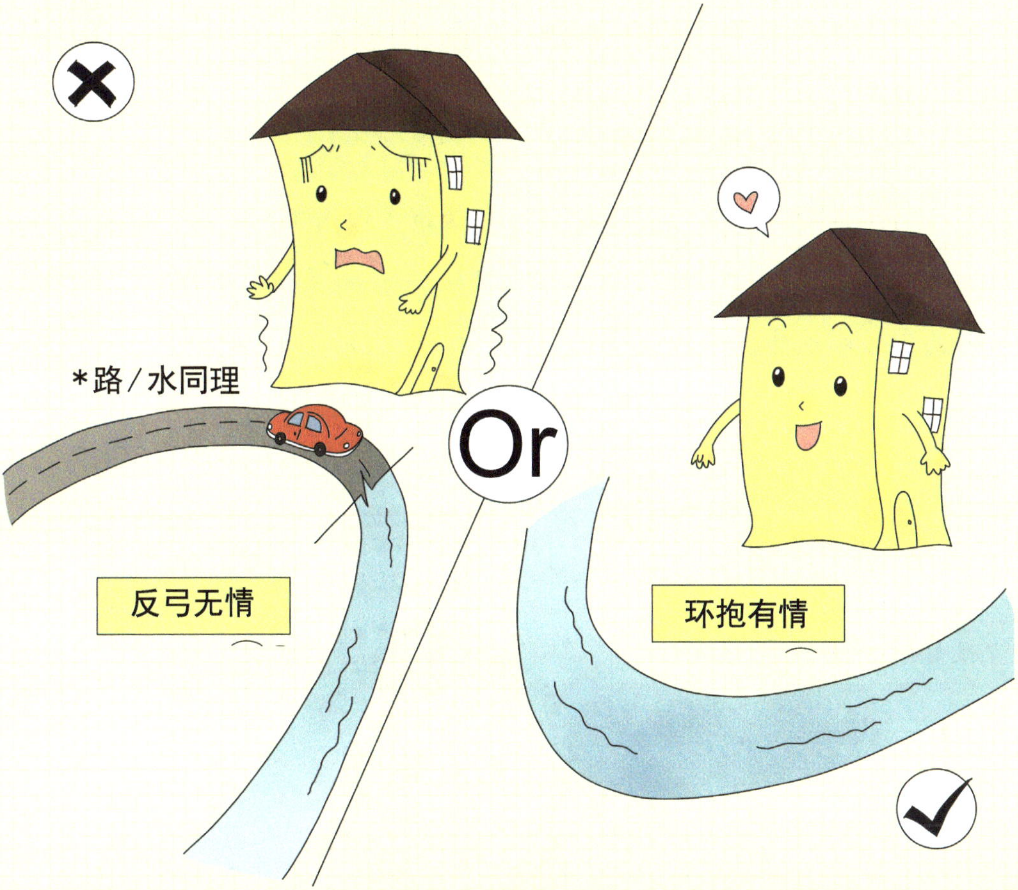

环境心理学上的设计雷区，可以理解为会引起环境温度、湿度、气流速度等的剧烈变化的不良环境，或因形状不稳定而可能引发心理不安的外部因素。

如上图的反弓为不利因素，右图环抱为有利因素。这其实跟地理学上被弯一侧土地易受侵蚀，而被环抱一侧会因泥沙淤积而越发肥沃且面积扩大有关。因此，选房的时候，尽管水系河道为优质景观，也需注意水系的流向。此外，道路与水系同理，受道路反弓直对也同样会引起不良影响，需要规避。

设计避雷——斜坡

除了需注意外部建筑、道路及水流的形态外，还需要留意基地地势情况。若家宅基地或大门出口建在斜坡上或坡度大于5°时，可能会不利于住户的正常生活使用。

斜坡不利于人流、物流及车流保持稳定，由于使人难以驻足或通达，对想要家庭客人多，从而实现交流丰富的温馨氛围不利。此外，对需要多客流量的商业店铺也同样不利，会导致人气稀少。一般只能用作冷门商业，也就是会专门前往的业态，如私房菜、五金店、维修店等。

有些房屋建在斜坡底端尽头，被来势汹涌的下沉较低温气息所直冲，这虽然不在坡上，但也是环境不良气息之一，可能会导致家中冷热环境温度突变，引起不适。

遇此情况，可通过在直对斜坡处加建几级台阶，或放置植物、增加挡墙等办法来作缓和，使下沉的较低温气流不至于直冲家里。

视觉污染

此外，视线范围内最好不要出现可能导致心理不适的因素，如医院、配电站、殡仪馆、山坟等。

尽管有时跟这些因素的距离足够远，不存在空气、辐射及声音的污染，但仍可能会形成视觉污染，从而易引起心理的不适感，进而可能对精神及身体形成不良影响。

对于有露土缺陷、采石痕迹或是植被残缺的自然山体，如政府没有修复计划的话，在环境心理学上也可能会导致人心理的不适感，选房的时候建议尽量避开。

此外，城市中常见的烂尾楼、废弃烟囱、破旧建筑物、发臭水体、枯树等，也是视作同等情况，建议尽量避免。如实在难以避免的，可以在看到这些环境的阳台或窗台上，放置一些植物进行调整，以缓和视觉感受，以绿补绿。

除此之外，还有一些诸如垃圾中转站、危险品存放地、屠宰场、刑场、加油站、墓园、砖窑等，也都属于不利因素，选房时建议注意规避。

看有利因素

当然，除了不利因素，选房的时候也需要关注辨别一下有利因素。有利因素由于是楼盘小区的卖点，一般会被销售大肆宣传，这时候需要保持头脑清醒，合理地进行一下准确性的判断。

“靠谱”有利因素

一般像城市的公共配套类建筑，如文化馆、音乐厅、科学馆、博物馆、绿化公园、健身广场等，是政府规划中必备的公益公共项目，一般建成后不会轻易改变，可以放心选购这附近的房屋。

而至于规划中的未建成建筑，则需要结合历届政府的兑现力进行研判。千万不要以为有了规划，就最终一定会有，有了规划的也可能在后续规划变更之后而消失掉……

看配套距离

还有，需要注意公共建筑位置是否在合适的距离上，一般规范上有针对不同配套设施的服务半径要求，可以以此为基准进行衡量，一般能在1千米~2千米半径内配备齐全是最理想的状态。

*注：文中涉及的规范要求以最新的地方及地区规划技术要求为准。

当然，学校、医院、大型商业等人员密集的公共建筑，虽然能给生活带来便利，但当距离居住小区太近时，也易产生交通拥堵、噪声干扰和空气污染等等的不良影响。

设计规范上要求幼儿园等学校建筑，最小需距离住宅18米以上，因此选房时候需要重点关注一下相对之间的距离。只有彼此之间保持合适的距离，才能更好地发挥其良性的作用。

*注：文中涉及的规范要求以最新的地方及地区规划技术要求为准。

“货”要对板

楼盘效果图都会放大优点跟美化事实，宣传中的水系、滨水、江河、湖景等，需要注意其最终的水质、宽度、湖泊大小及建成时间等实际情况，以免日后交付收楼时，才发现出现卖家秀与买家秀天差地别、货不对板的糟心结果。

当然，最好还是选择现在已经真实存在的“青山绿水”，而不是未来才建出来的概念性水景。也只有这样，才是实实在在的，所见即所得的实景拥有。

科学研究表明，在大自然森林区中每立方米空气细菌数量约500～1 000个，而在都市闹区则高达约5万个，是森林区的50～100倍。因此，拥有好的自然居住环境，就等于拥有有着自我净化能力的健康氧吧，为维护家人的健康带来助力。

大自然的自然消杀功能，使环境中细菌含量只有城市中心的10%，呼吸的空气更加洁净健康，令人心旷神怡，对身心更为有益。

青山绿水
公园
公共配套
健身广场
关键点：
要靠谱的有利因素，
不要不利因素！
有利因素
不利因素
工业厂房
辐射源
噪声源
空气/水污染源
设计雷区

④看规划兑现力

城市发展进程中，由于老城区的土地发展空间有限，为了更好地开拓城市资源，一般会在郊区选址“另起炉灶”，也就是大家经常听到的新区、开发区或是卫星城。

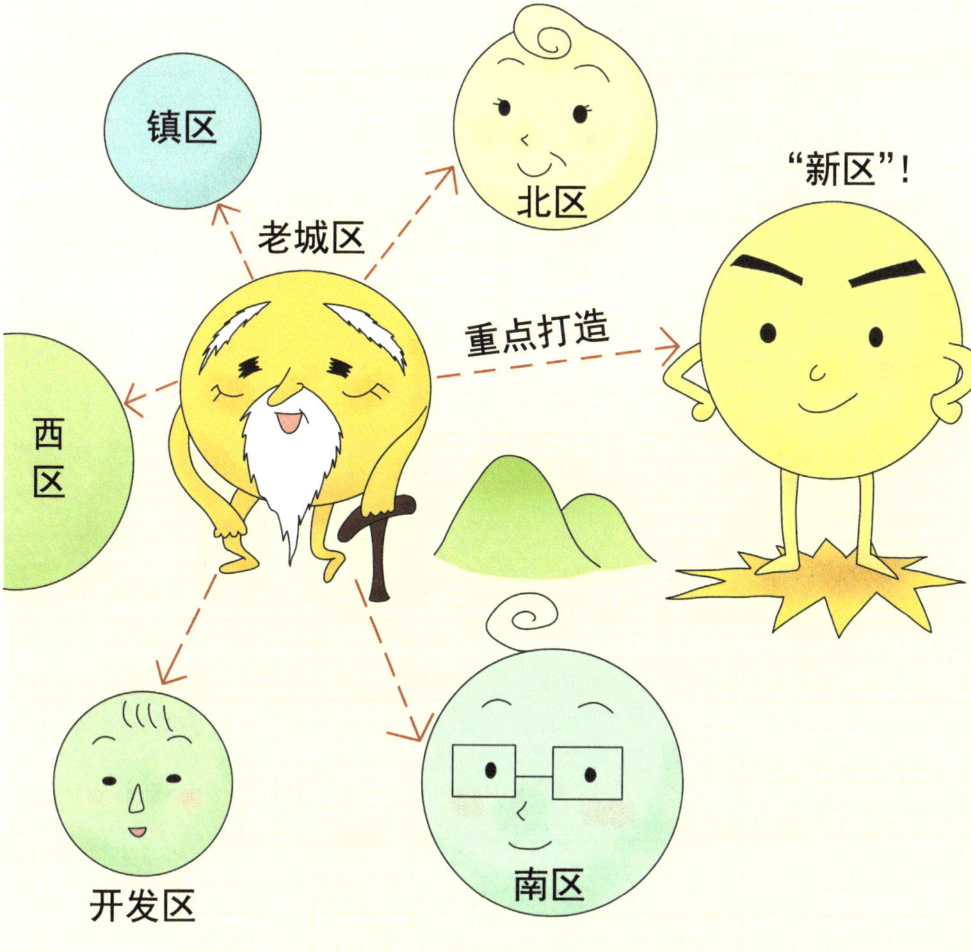

旧区
配套成熟
所见即所得
道路狭窄交通堵
公园等绿化完善
房价高
学区房
选哪个好？
VS
配套不完善
入住人口少
施工工地多
需要时间培育
房价有优惠
未来前景好
新区

新区落地性

国家级新区（19个）如雄安新区、滨海新区、高新区、经济开发区等，国家重点打造，有计划时间表，兑现度一流。

省级新区需结合各省经济实力来看兑现力。

市级新区则需结合经济实力、未来规划、在总规划中的重要性来看兑现度，一般在当地政府规划官网可以查到。

***注：文中涉及的政策内容以最新的地方及地区的公示情况为准。**

交通落地性

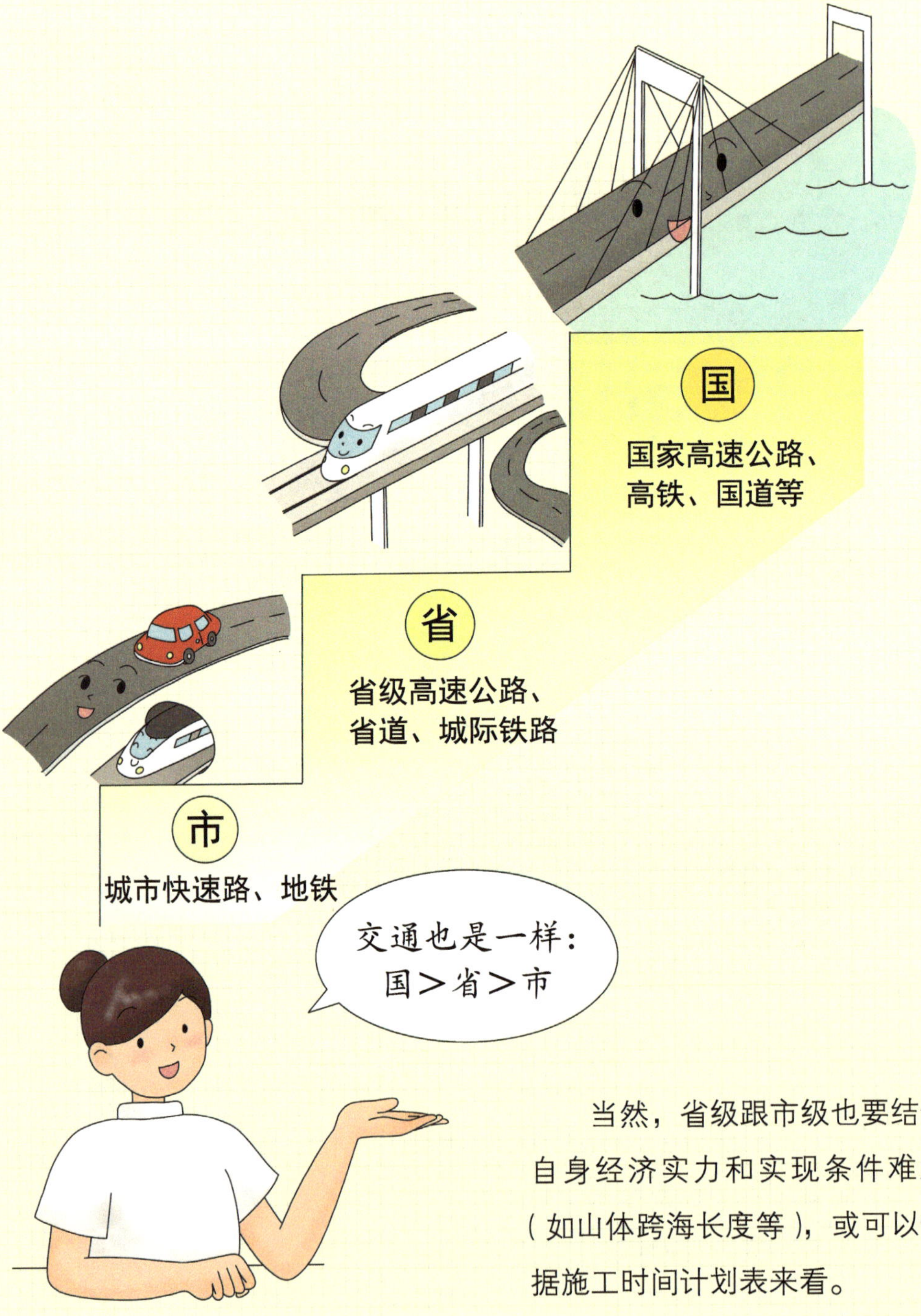

当然，省级跟市级也要结合自身经济实力和实现条件难度（如山体跨海长度等），或可以依据施工时间计划表来看。

产业落地性

产业是影响地区繁荣的重要因素，产业兑现力除了看GDP现状外，还需要看政策及政府班子的稳定性，以及对地区发展战略定位的持续坚定性。

配套落地性

主要看政府对于规划中的医院、学校等配套公建的兑现度，看是否能在本年度计划或5年工作计划里。

如只在总体规划层面（20年度设计时限），那可能还是存在很大的不确定性，选房的时候要留意。

*注：在各市自然资源局网站可查到相关规划资源。

划重点！

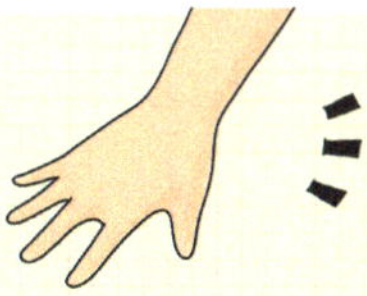

- 新区兑现力：看新区重要度
- 交通兑现力：看交通级别
- 产业兑现力：看政策及政府班子稳定性
- 配套兑现力：看规划兑现时间表
- 万能定律："国 ＞ 省 ＞ 市"！

⑤看未来发展趋势

看准区位的未来发展趋势，对于发现未来土地的升值潜力至关重要，若想要预判哪里的土地是未来的“蓝筹股”，就要懂得如何做功课研究了。

跟上节同理：国 > 区域 > 省 > 市县

*注：文中涉及的政策内容以最新的地方及地区的公示情况为准。

适老化配套

此外，还可类比类似经济体国家的发展路径轨迹，大致预估出未来可能的配套需求发展趋势，给我们更多启示。

如我国人口老龄化愈趋严峻，可以参考日本、欧洲各国的社会老龄化进程，判断出未来将可能需更多的适老化设计或配套，在选房时就可以多备几个心眼，更有远见地进行选择了。

绿化空间

而对于想要知悉居住区周围所需的环境及公共活动空间的未来发展趋势的，可以参考美国以及欧洲国家的城市绿化运动。在选择的时候，可以给未来的居住生活多留点绿，让晚年的生活活动场所更多生气活力。

人口流动

另外，还可以通过人口流动、经济发展能力等，来预估区域未来的发展趋势。一般高校越多、外来人口流入越多，往往意味着区位升值及发展趋势会更好，类似于高城市能级的活力性。

当然，人口流入也是要看学历、年龄组成的，高学历人数及年轻人数的比例是越高越好。

政策动向

政策也是未来趋势的一大风向，如近些年来的乡村振兴计划、特色小镇、新城镇化等，配套落实到基层，使得农村以及县级的城镇将可能具有更优的居住价值，以及环境配套素质提升的潜力。

*注：文中涉及的政策内容以最新的地方及地区的公示情况为准。

本章小结

总的来说，本章通过城市能级、交通路网、有利与不利因素、规划兑现力以及未来发展趋势五个维度，剖析了怎么选好区位。

选到好的区位，就是从“面”的角度定好了根基，为最终选到暖心家，提供充足土壤。

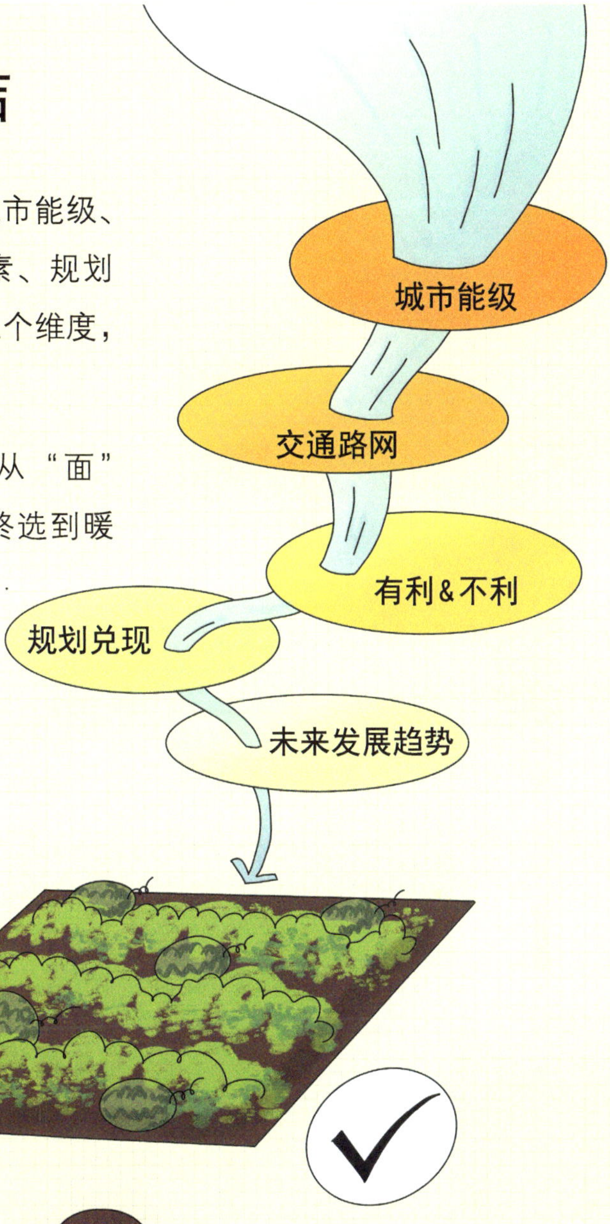

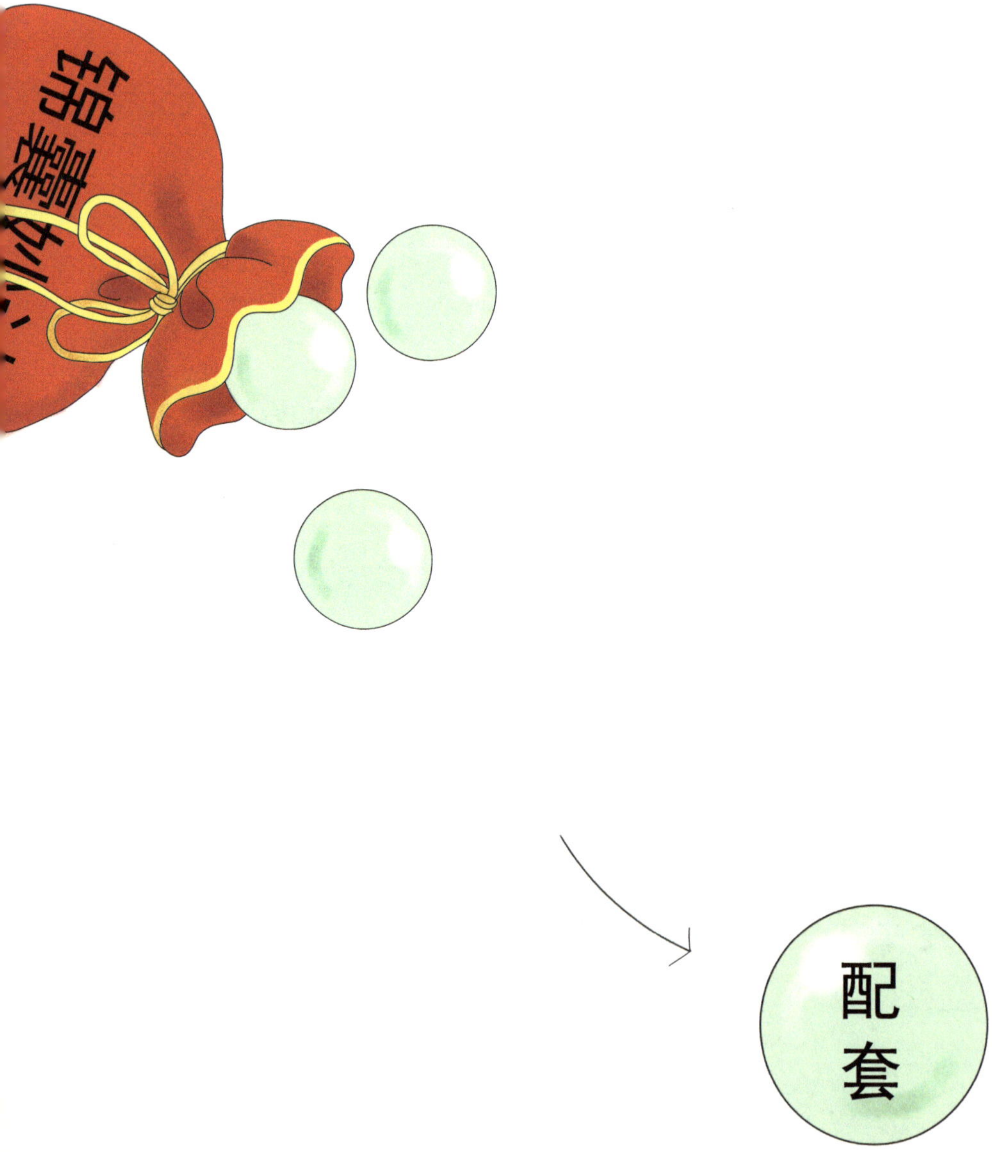
锦囊妙
配套

Part.03

配 套

—既要看内容—
也要看实力

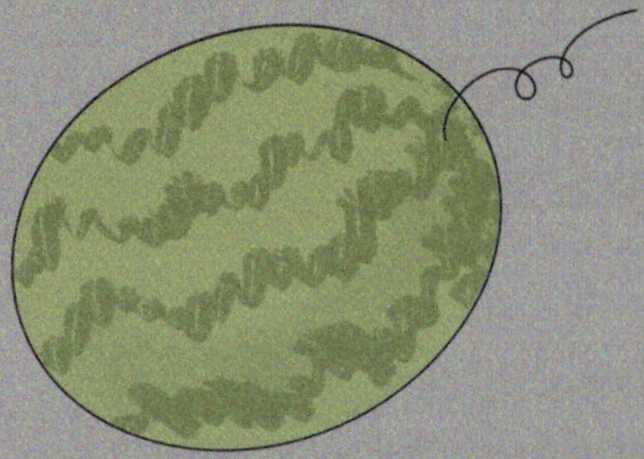

怎么选好瓜？
王婆卖瓜，
自卖自夸！

什么是配套？

所谓配套，是指家居生活的外部延伸，能够满足家庭日常需求的周边空间和设施，如看病、购物、理发、就餐、邮寄、健身运动等。

配套的功能业态主要为购物、餐饮、娱乐三大类，其实就是家功能体系的延伸，是人对外寻求生活体验、人际情感交流的一种体现。

①看必备配套

配套一般需要与家保持合适的距离，一般在离社区500米的半径范围内最佳，也就是日常步行5～10分钟的时间可达最为理想，形成宜居的10分钟生活圈。

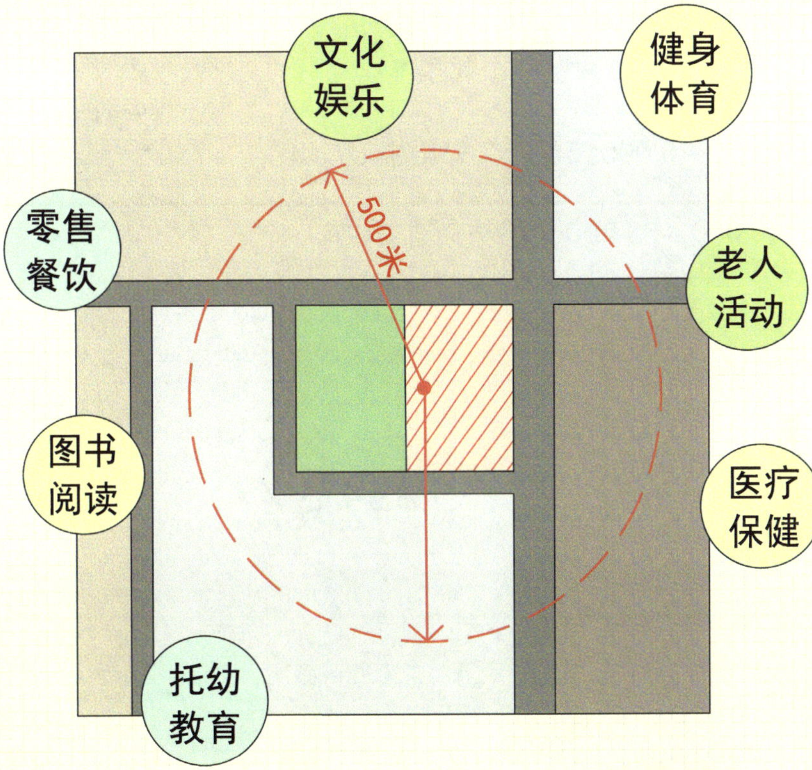

配套规模

新加坡的居住社区规划完善，群众居住的住房一般为政府统一配建的组屋，以更好地保证“居者有其屋”。而为了提供完善的配套给居民，一般会因应社区规模大小，而配套相应的必备业态。

如：1 000～1 200 户配一个邻里商店

6 000～8 000 户配一个邻里中心

40 000～60 000 户配一个新镇中心

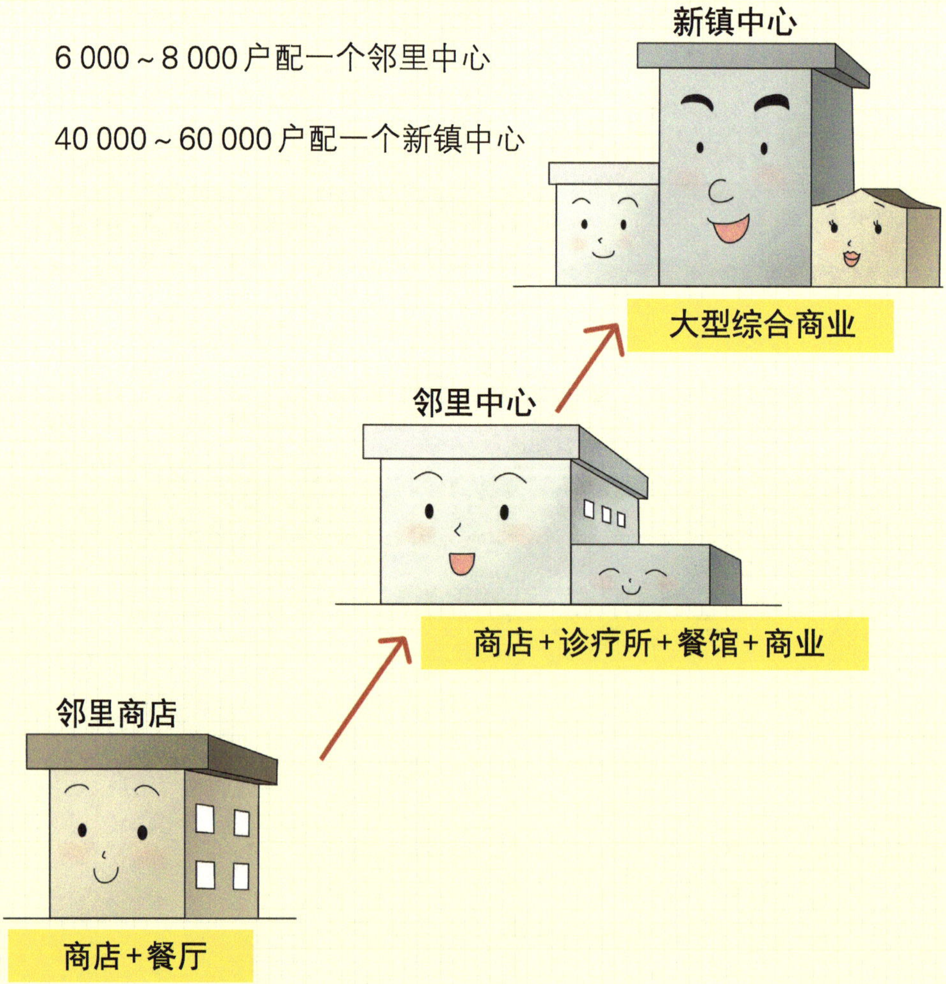

配套业态

新加坡社区的商业配置，最低限度下会要求具有12个基本行业和业态，其中包括菜市场、银行、邮政、卫生所、洗衣房、理发店、快餐店、超市、书店、修理铺、公厕和社区活动中心，以满足居民基本的生活需求。

另外，还推荐了可自由增加的13个种业态，如服装店、鞋店、面包店、礼品店、鲜花店、摄影店、药店、眼镜店、文具店等，以更好地丰富居民的生活体验层次。

邻里中心

近些年，我国的住区规划也渐渐与国际先进理念接轨，除了满足教育、医疗等基础需求的公建配套外，社区生活室、老人活动室及邻里中心也相继出现。

其中，邻里中心就是把商业和服务都集于其中，以满足居民的多样化需求。

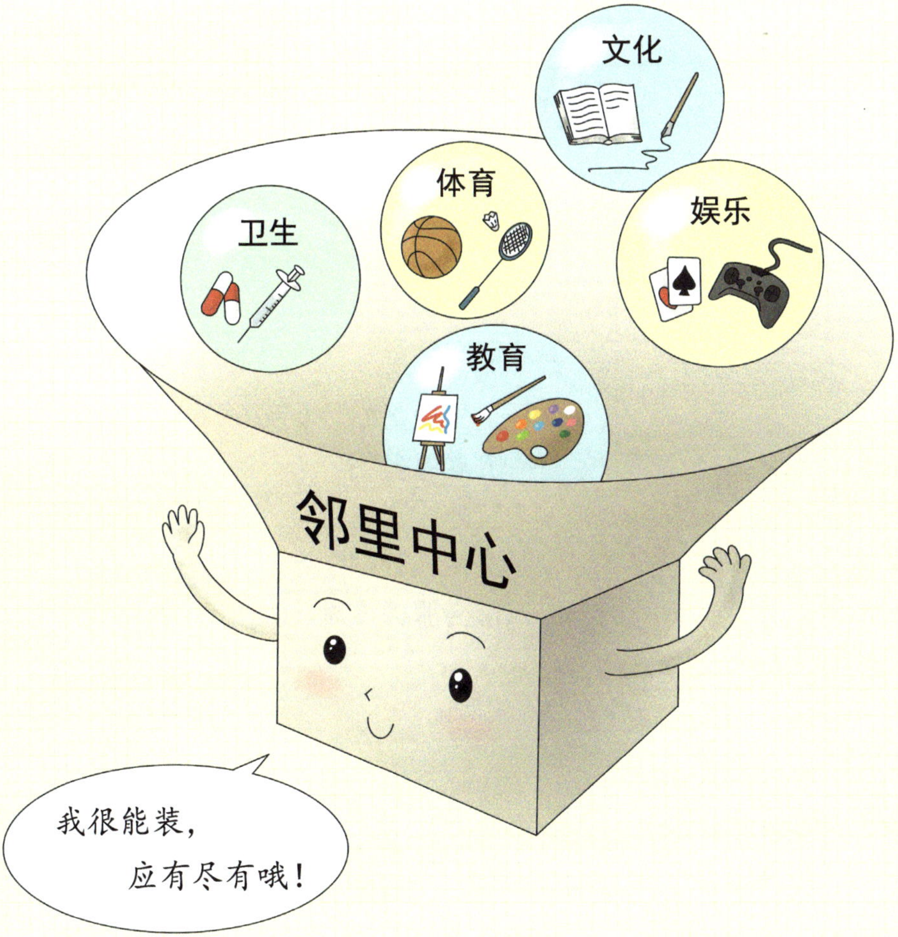

我国的邻里中心可以说是新加坡的升级版，在购物、餐饮和娱乐的基础上，还搭配了不少升级项。如社区管理设施、基础服务设施等，使社区的配套更加与时俱进，满足美好生活的需要。

这里还需注意辨别邻里中心本身是否有明确的后期运营方，以免空有其表，而无法兑现相应的配套服务。

升级项

社区管理设施

如：社区服务大厅
警务室
居委会
社区活动用房

便民设施升级

如：健身房
棋牌室
银行网点
书店
文具店
小超市

加分项

基础服务设施

如：卫生服务站
养老服务站
室外综合健身场
文化活动站
综合服务设施

必备项

便民服务设施

如：便利店
快递网点
ATM、菜场
餐饮、水果店
美容美发
修理店、药店

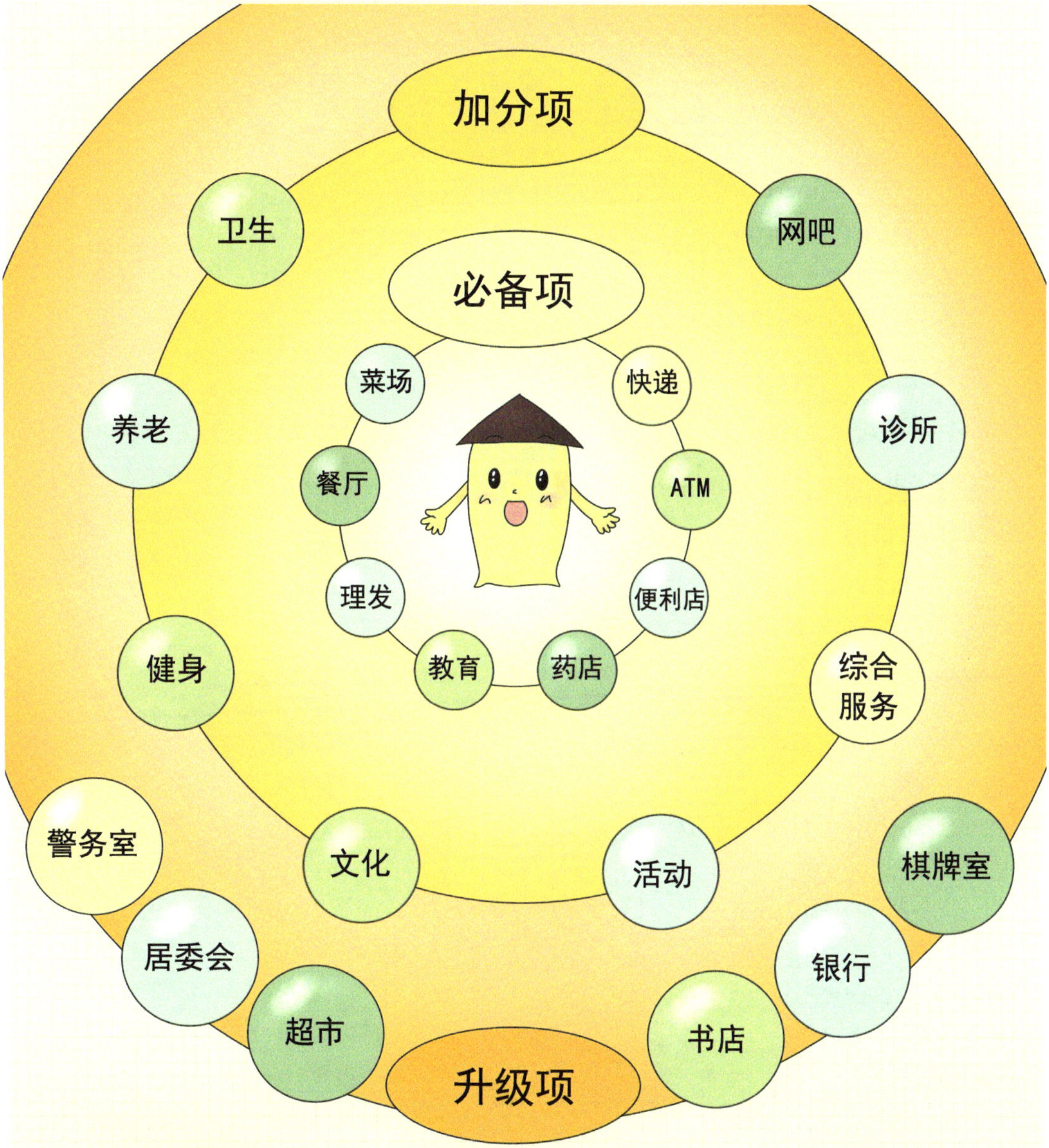
加分项
卫生
网吧
必备项
菜场
快递
养老
诊所
餐厅
ATM
理发
便利店
健身
教育
药店
综合服务
警务室
文化
活动
棋牌室
居委会
银行
超市
书店
升级项

关键点：

越往内越必需，
配套越多越优！

②看全龄社区

全龄社区跟全龄宅概念有点类似，其实就是社区内能满足全龄段人群的生活以及使用需求，包括“老中青幼”，使小区不单单是部分年龄段人群的社区，而是大家的。

看儿童

一般社区都配备儿童游乐设施，这时不能只顾看颜值，而需要重点看是否有安全细节的设计。

如儿童防碰撞设计、缓冲塑胶地垫、安全护栏等，以保护儿童在活动过程中的安全。

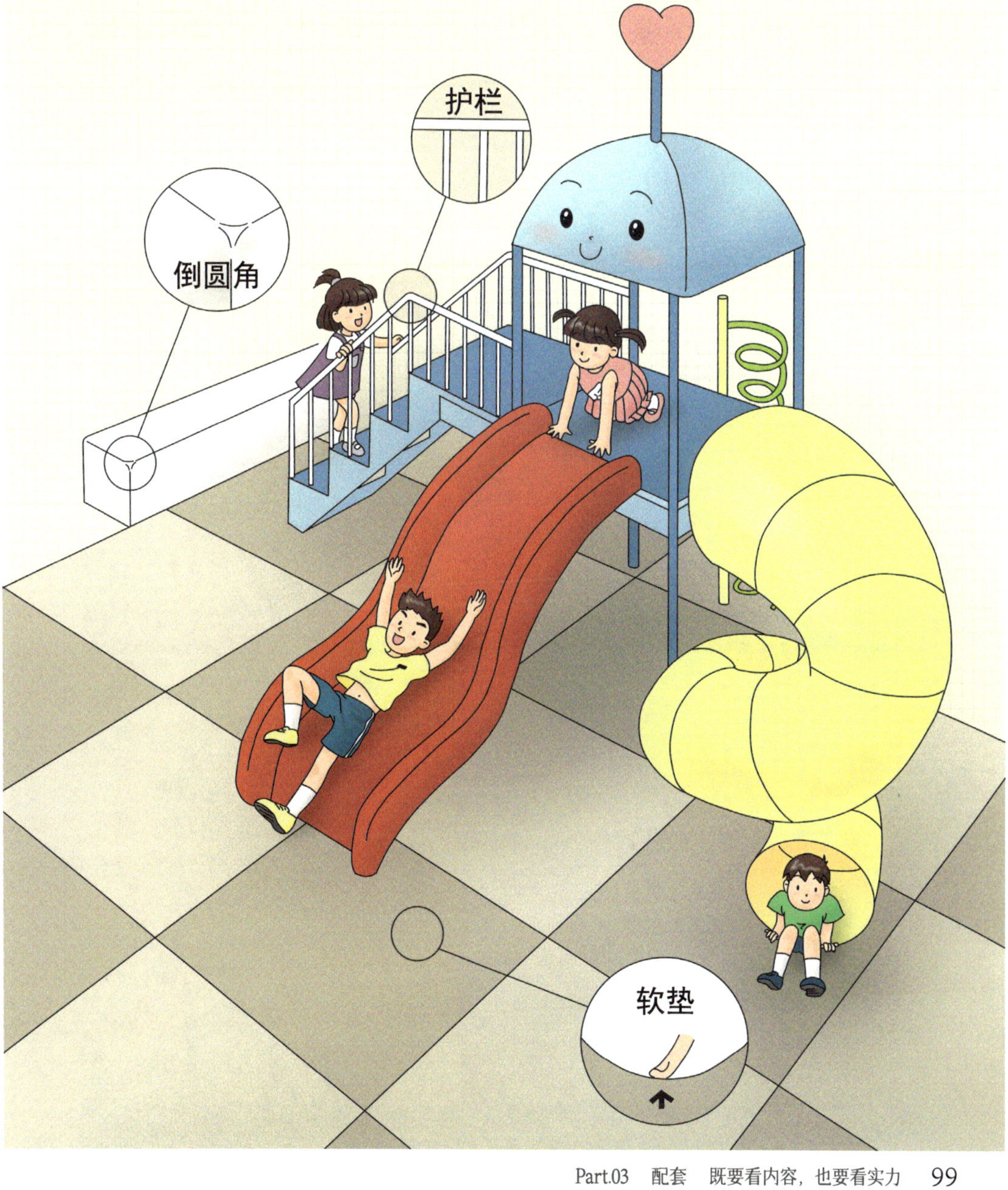

除了配备必备的活动设施外，让儿童与自然光有充分的接触也十分重要。因此，儿童活动区最好有夏季遮阴的乔木设计，使夏季每天能达到遮阴时间≥3小时；而到冬天树木则落叶，使冬季日照时间≥3小时/天，让阳光透过树木间隙倾洒而下，使儿童边活动边晒太阳，一方面便于冬季暖身，一方面便于合成天然的维生素D，从而利于促进所需钙的吸收及身心健康成长。

老人活动区的设计要求同理，因此也就是需要在进行小区园林设计时，注意四季植物的组合搭配。

另外，攀岩、沙地、独木板等，也是儿童活动区常用的设计。这些设计能提供“可控的冒险”——在心理学上，可让小朋友与伙伴在历险之后，建立深刻的童年记忆，并增强其面对困难的勇气。

这里需注意攀岩墙的高度，一般不建议超过1.8米，因其一般没有栏杆等防护措施，过高会造成较大的安全隐患。另外，沙地深度一般需在0.3～0.5米，以保证提供必要的缓冲。

现在的儿童活动区，为了丰富小孩的探索体验，有时会引入很多诸如树屋、空中廊道等的探险式设计。

这里需注意栏杆高度均需 > 1.1 米高，以及栏杆间隙需要 < 11 厘米等的设计细节，以免儿童在尽情探索的时候，产生安全隐患，乐极生悲。

*注：文中涉及的规范要求以最新的地方及地区规划技术要求为准。

植物科普园、涂鸦墙、互动音乐水景等，能更好地帮助小朋友增加与大自然的接触体验，以及与同龄人的交流互动，也是不错的选择。

小孩子通过触觉、视觉、听觉、嗅觉等不同元素交织的真实体验，进行丰富的成长学习，更利于感受大自然生命的美好。

看中青年

现在很多年轻人都有养宠物的需求，小区最好能给宠物提供必要的配套空间，以解决它们如厕、饮水、运动以及交友等的问题。

这样不单方便了宠物，更便于养宠主人间的邻里交流互动，并减少养宠与非养宠人群间的矛盾。

20—45岁的中青年，往往处于拼搏事业的上升期，运动健身更讲求效率和多样性。

健身跑道是最便捷的选择，也便于茶余饭后一家老小进行散步。这里需注意跑道最好为胶垫材料，以及设置有夜间照明，以提高健身体验的安全性。

阳光游泳池，也就是露天泳池，是在夏季提供给一家大小娱乐健身的场所，也丰富了小区景观层次。当然，如是室内恒温泳池，一年四季均可锻炼，没有空档期则是更好的了。

另外，若泳池以25米长度为设计单位，将更利于游泳人员进行计算，以更好地锻炼提升自身游泳能力。

除了跑步、游泳等，小区一般可利用架空层或消防登高面作篮球场或羽毛球场等的设计，以丰富运动类型选择，也更利于青少年的成长。

乒乓球

篮球场

羽毛球场 / 排球场

看老年

除了儿童、中青年人群，老人的户外活动空间也十分重要。老年人白天在家空闲时间长，给长者提供丰富的邻里交流空间，对其身心健康十分关键。

只可惜，大部分小区都忽略了这点，让人唏嘘不已。

很多小区老人的日常活动，不是坐着晒太阳，就是绕圈散步，十分单调……

医学专家的研究表明，老人多运动、多晒太阳以及与人进行交流，有利于保持自身大脑活力、延缓衰老，以及降低阿尔兹海默病40%的发病率。

因此老人活动设施不单必要，还需提供一定的日照时数以及公共活动交流的区域。具体日照时数以及设计办法，同前面儿童区的设计原理，在这里不再赘述。

***来源：郁金泰教授《阿尔兹海默病的精准防诊治》2022年10月**

此外，鹅卵石健康步道也是老年人健身散步的好地方，可以通过不同程度的起凸面，来刺激脚底穴位，从而活化身体的新陈代谢。强身健体的同时，也便于锻炼老人的身体协调平衡感，丰富运动体验。

除了常规的活动区外，也可以结合绿化空间设置一定面积的家庭种植区——来种菜、花、瓜果等植物。在不影响小区空气质量及气味的前提下，以此丰富老人休闲活动，充实其生活的成就感，感受大自然生命的美好。

关键点：

老中幼均不能缺，
阳光补充很重要，
邻里交往情到位，
其乐融融身心暖。

——全龄化配置越多越全，
小区品质越优。

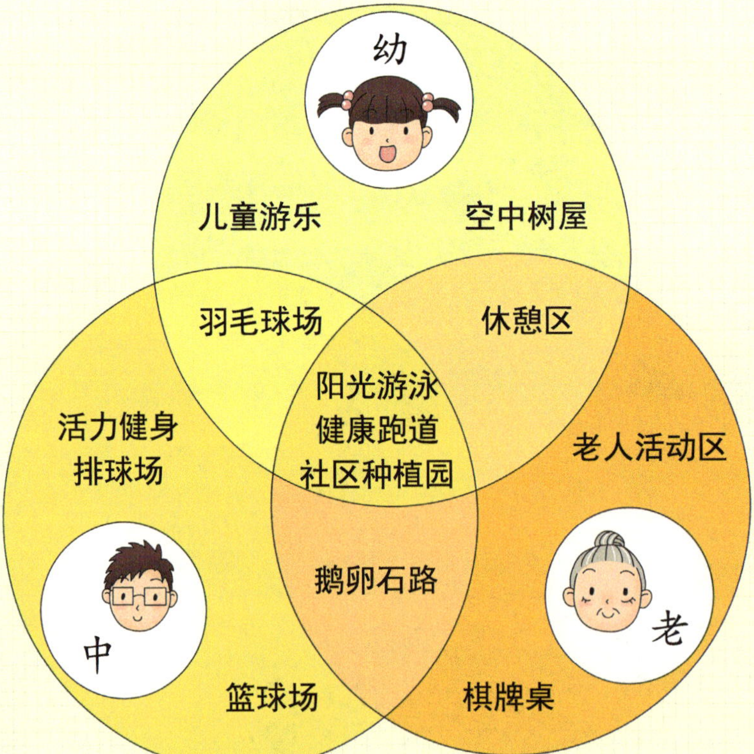

③看风雨活动区

风雨活动区，是指在下雨天时给人提供的一个躲避风雨的活动去处，除了小区园林中常见的休息亭，还包括首层活动架空层、风雨连廊、接待厅等。

在降水量大的地区，这种风雨活动区能大大提升社区日常活动质量，使活动风雨无阻，是选房时辨别小区品质的方法之一。

社区会客厅

社区会客厅，一般也可用作业主接待外来客人的公共客厅。

一般作为休息亭的形式，是小区最常见的风雨活动场所。在亭子里，可以休息、闲聊、下棋、嬉戏或是赏景，晴可遮阳，阴可遮雨。

如果社区会客厅结合大草坪一起进行组合设计的话，还可以用作社区节庆活动时的临时大舞台，提供给露天电影、音乐节等活动用途。使社区生活多元化，生活更有仪式感，留下携手成长的岁月痕迹，更显温馨归属感。

风雨连廊

以新加坡为例，由于地处热带多雨地区，因此规范设计上要求住宅楼栋之间都需用风雨连廊相连，以利于居民出行，不受雨天淋雨之苦。实现日常生活活动的风雨无阻，这个便是风雨连廊的价值。

由于风雨连廊需保持走道干爽，防止湿滑，所以设计时一般需要比周围地势高，并有一定和缓的排水坡度，这样才可以保证其在大雨时也不至于被雨水浸入。

另外，社区还可结合廊道空间，设置休憩座椅、美人靠或艺术展示长廊等，丰富过道空间的邻里交流功能。

风雨架空层

常见的首层架空层，也是比较常见的风雨活动场地，一般分为纯架空层、普通架空层和主题架空层等。

架空层如什么设施都不配备，只会沦为纯粹的交通过道，浪费空间面积。因此建议每栋至少配备一个带设施的架空层，这样才能提高生活选择的多样性。

普通架空层

“普通架空层”一般带康体设施、快递柜以及休闲桌椅，能满足使用者最低限度的活动需要。

“能让人停留下来的空间才是好空间”，毕竟只有停留下来了，才能产生人与人之间的情感交流互动。因此，最低限度上，建议普通架空层至少配置上休闲桌椅或是植物花基（可坐式）。

主题架空层

“主题架空层”，则会因应老中青幼不同年龄段的需求，结合不同专属主题对空间的墙身、地面、天花进行整体打造，使其针对性及氛围感更强。

因主题而聚集的，更容易是同类型的人群，更有利于邻里间因共同话题而进行深入交流，彼此间组建爱好的人群圈层，以及最终建立社区归属感。

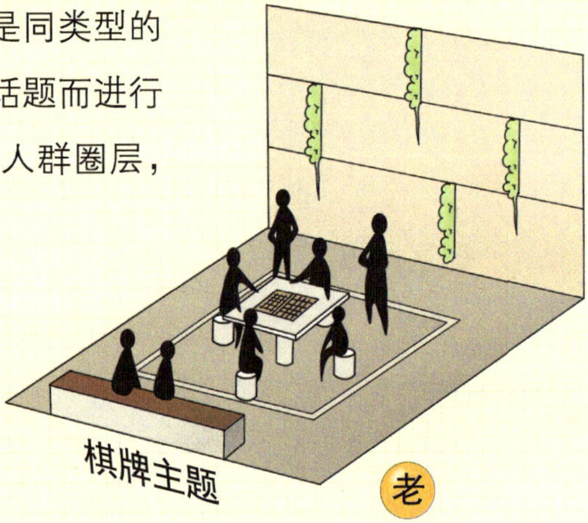

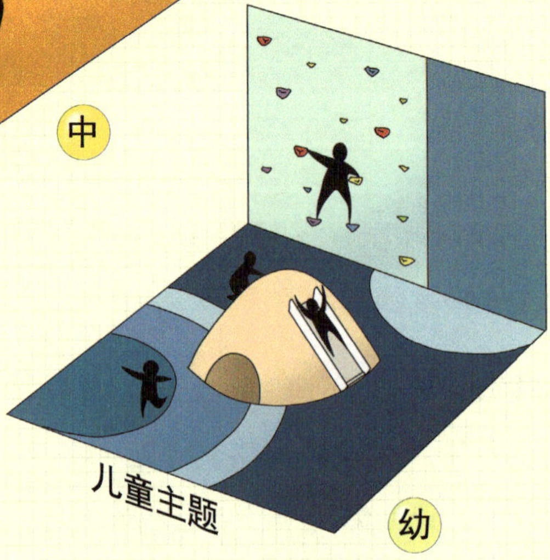

视线通透

此外，架空层如具有视线通透性则更佳。如双拼楼栋相连形成的架空层，若在此基础上进行结构转换，使剪力墙弱化为柱子，则能更好地减少活动空间的边界感，使视线更加通透。

结构转换不单能使架空层的视线更为通透，还便于邻里之间相互进行视线监督，使社区的活动进行更安全。

划重点！

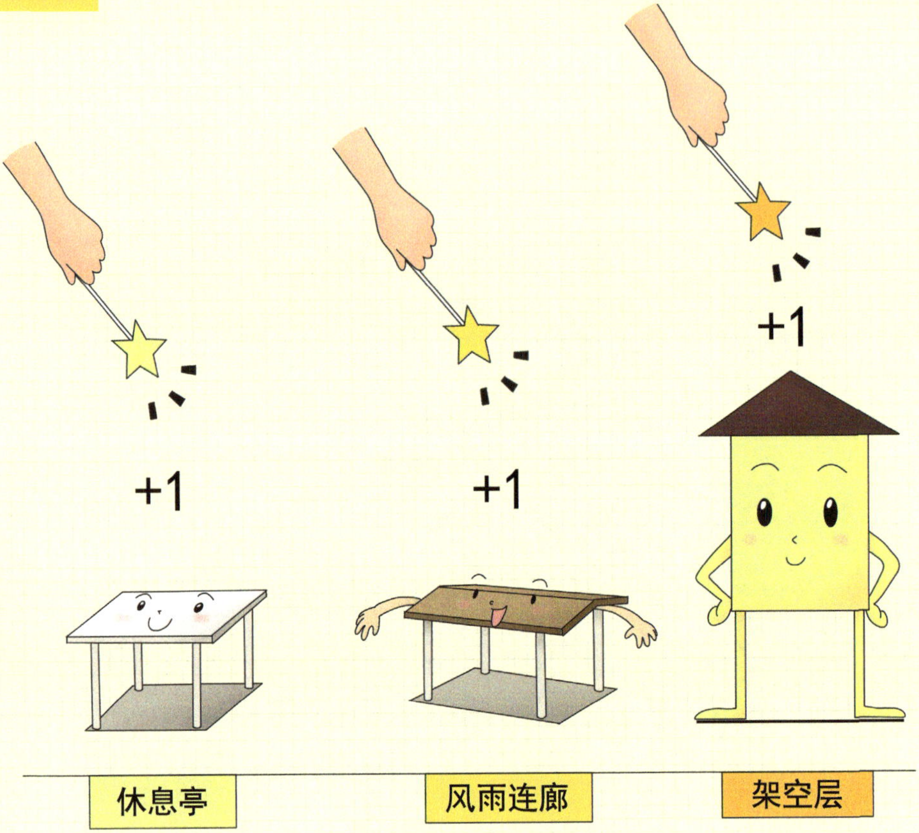

④ 会所有还是没有好？

私人会所、小区专属会所、VIP会员制会所……会所听起来高大上，有会所的小区的物业管理费都要比其他小区更高一些。那么是不是有会所的小区就一定好呢？住在有会所的小区是不是就高人一等呢？

会所，到底有还是没有好呢？

多功能会所

会所（Club），意思是人们聚集在一起进行娱乐活动的场所。

会所一般配有室内恒温泳池、健身房、棋牌室、会客室等，功能一般与酒店配套相似，给人一种尊贵VIP服务的感受。

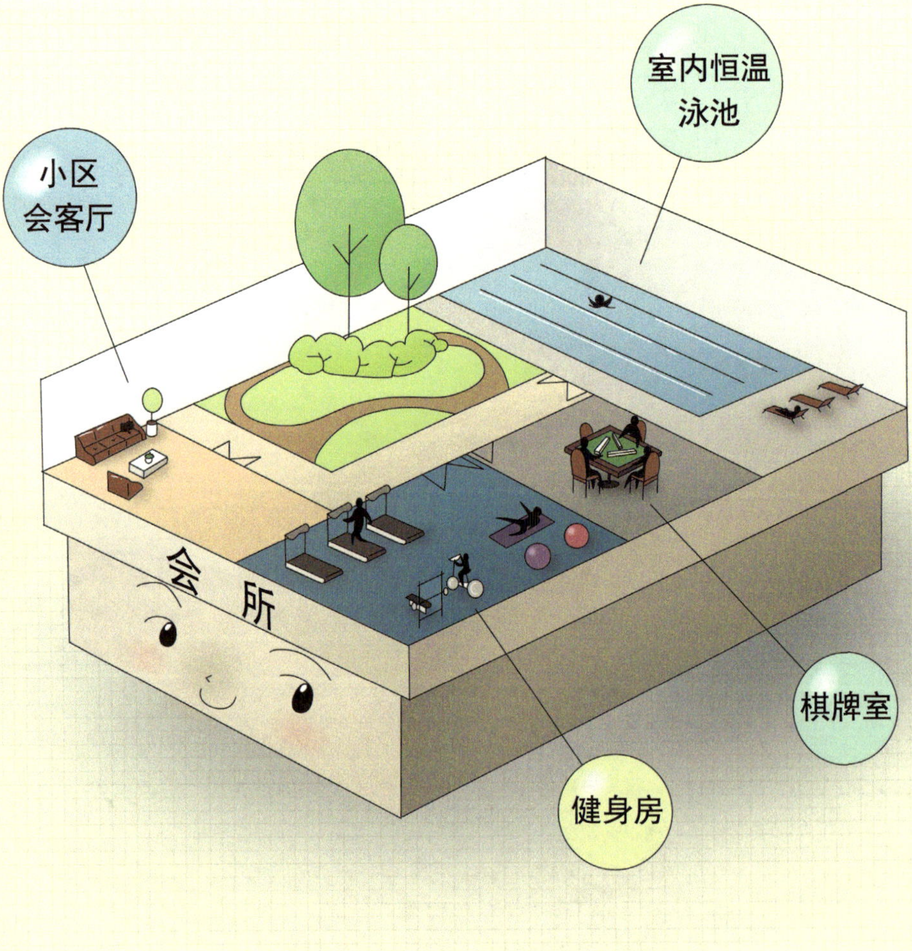

近些年来，一些会所设计也会结合家庭社交及育儿需求的趋势，增加类似共享厨房、聚餐包间、儿童游乐、阅览室、读书角、自习室等功能。

这种会所强化了社区人群除了自身家庭内部活动外，对外的社交聚会的可能性，使邻里氛围感更佳。

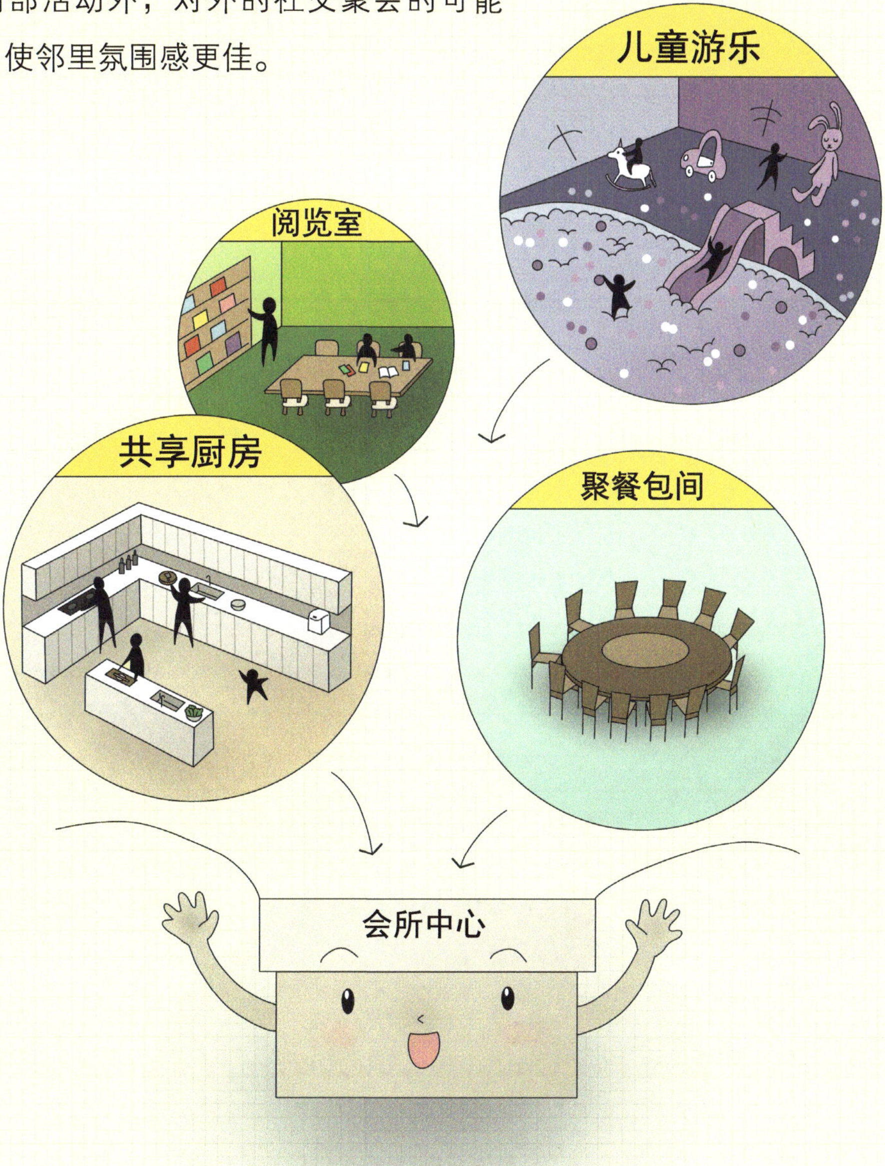

高端配套会所

一些有天然环境或资源优势的小区，会所还可能会增加高尔夫、游船、游艇、VIP健康会诊等的高端体验项目，强化了小区特色，成为楼盘一大卖点。

运营能力

然而，即便会所功能再丰富，能否长期提供优质服务，关键还在于实际运营团队的实力。

运营缺失的会所，就等同于小区内部多了一栋空置房或烂尾楼。不单影响小区整体形象与品质，还可能成为安全隐患。

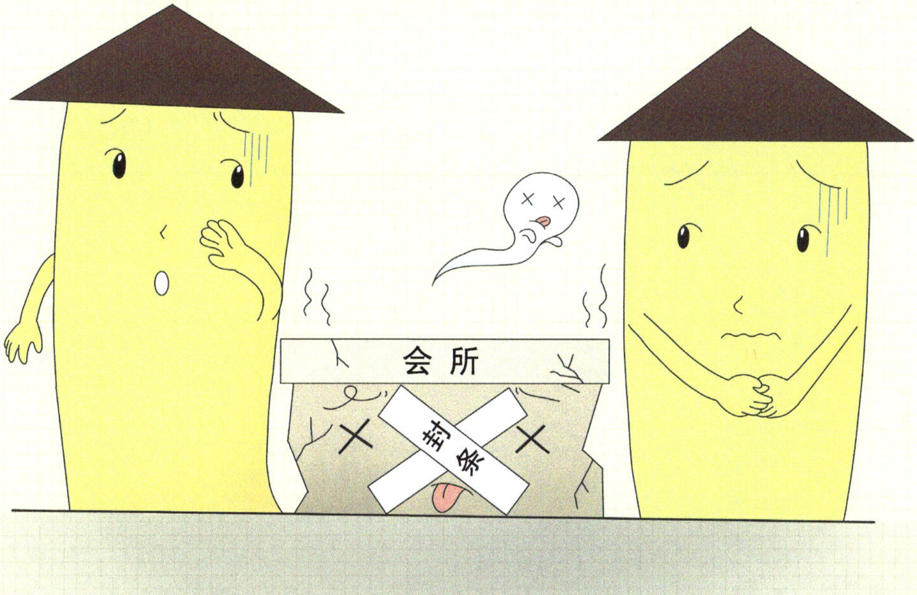

不少小区会所，刚开始运营时一片欣欣向荣、好不热闹；但是时间越久，对维修及维持经营效益的要求就越高，最终生意寡淡、入不敷出而关门大吉的会所不在少数。

选房的时候，需要综合考虑开发商对会所后续运营的能力，一般可以遵循：国际品牌 > 央企 > 国企 > 半国企 > 民企这样的逻辑进行考量。

关键点：
有会所很好，
运营更重要！
有颜值，
也要有实力！
会 所
有保障的服务，
才是好的服务！

⑤看品牌实力

小区里的配套内容再好，若没有好的运营团队进行后续的管理维护，最终也只会沦为空壳。那么，选房时到底要怎么样看开发商的实力呢？

是不是名气越大，实力就越强呢？

看资质

首先，看资质。

开发商资质，是根据住建委颁发的《房地产开发企业资质管理规定》以分级形式划分的，是开发商综合开发能力的衡量标准之一。

大家可以通过当地住房和城乡建设局，或房屋管理局的官方网站，输入开发商的名称或证书编号进行查询。

看口碑

其次，看口碑。

口碑是开发商开发能力的市场反馈，好的口碑代表了开发商具备成熟的开发体系，以及优良的物管服务水平，为后续居住的生活品质保驾护航。

大家可以上网搜CSI房地产开发商满意度排行，通过不同的分数高低，对不同房企的口碑比较查询。

看施工质量

再者，看已建楼盘的施工质量。

楼盘的很多质量问题都是隐性不可见的，如房屋渗漏、结构稳固性低、墙体开裂等，而往往这些方面才能更本质地体现开发商的良心及品性，实力也就由此可见了。

看硬件

好的物业管理也需要相应的硬件进行支持，如健康时代下的无感通行、智能门禁、人脸识别、智能呼梯等，使人不用伸手就畅行无阻，才能更好地提升生活品质体验。

看软件配套

此外，老人或儿童在小区园区活动时，智能化的安全监控也很重要。如：“天使之眼”，可以在全小区范围内无死角进行监控，并可关联到物业App上，让异地亲人随时随地用手机查看家人状态，使距离不再成为亲情流动的障碍。

看实力排名

此外还可以看配套的物业管理公司的全国排名等级，以及是否具有相应管理资质，看他们的运营模式是否与配套内容相匹配。

如：宣传24小时管家式服务的，那么每栋楼应配置专属的物业管家。

看年度报表

最后，也是最重要的，看开发商的年报情况，也就是其开发运营的实际情况。只有利润高、运营稳健的公司，才能持续地提供高品质的住宅小区与后续物业服务。

大家可通过搜国际评级的穆迪、惠普以及标普来进行参考。

*注：各评级会对财经数据进行分析。

看企业属性

此外，看开发商实力类似看规划兑现度，一般央企、国企、半国企的实力较高，资金来源也更有优势，而民企、私企则实力较易受到市场影响，选房时需要谨慎考虑。

看配套，需要结合自身长远需求来进行综合考量。配置越充分完善，越能满足未来多元化的生活变化。如：现在的智慧社区，拥有24小时的自助物管服务，甚至有针对不同年龄段身心特色进行设计的活动空间，就算宅在家中也毫不乏味。

毕竟，有远见的配套才是好的配套，有时候住几年换一套房子，还不如一次性咬咬牙，选个好一点的给自己提前享受。当然，一切的选择，建议要在自己可承受能力范围之内，以免影响后续生活的正常进行。

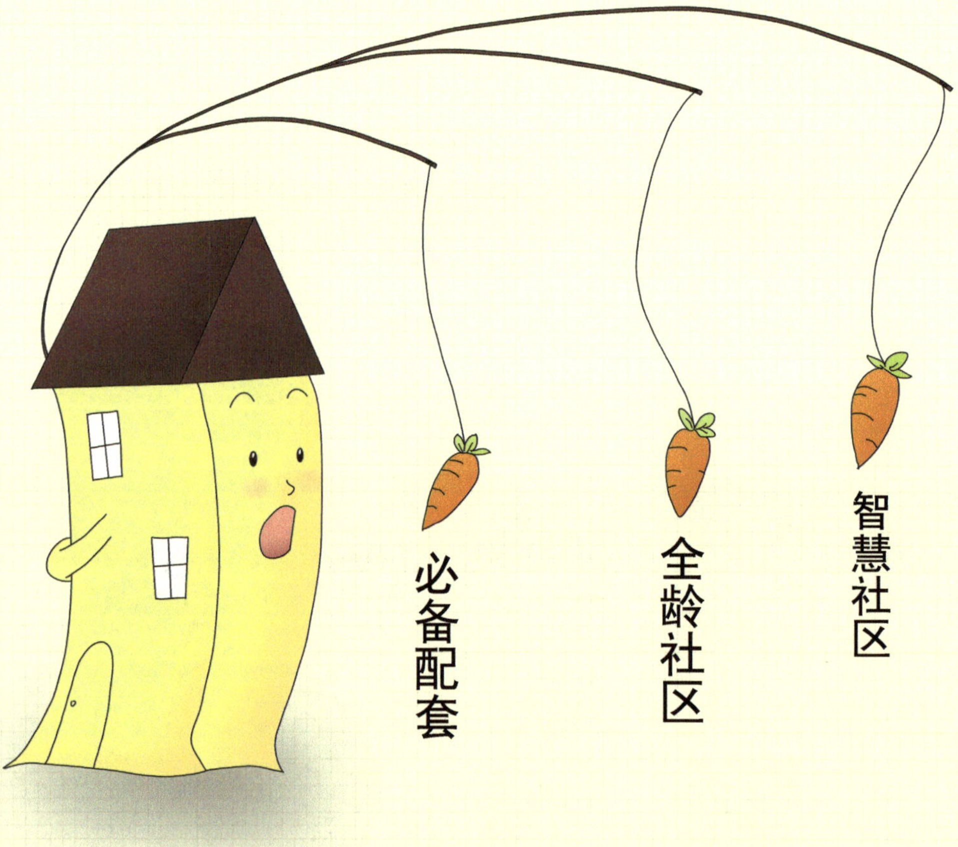

本章小结

总的来说，本章通过必备配套、全龄社区、风雨活动区、会所以及品牌实力等方面，阐释了选房时如何选好小区配套这个“线”的关系。从面到线，为实现暖心家的外延生活保驾护航。

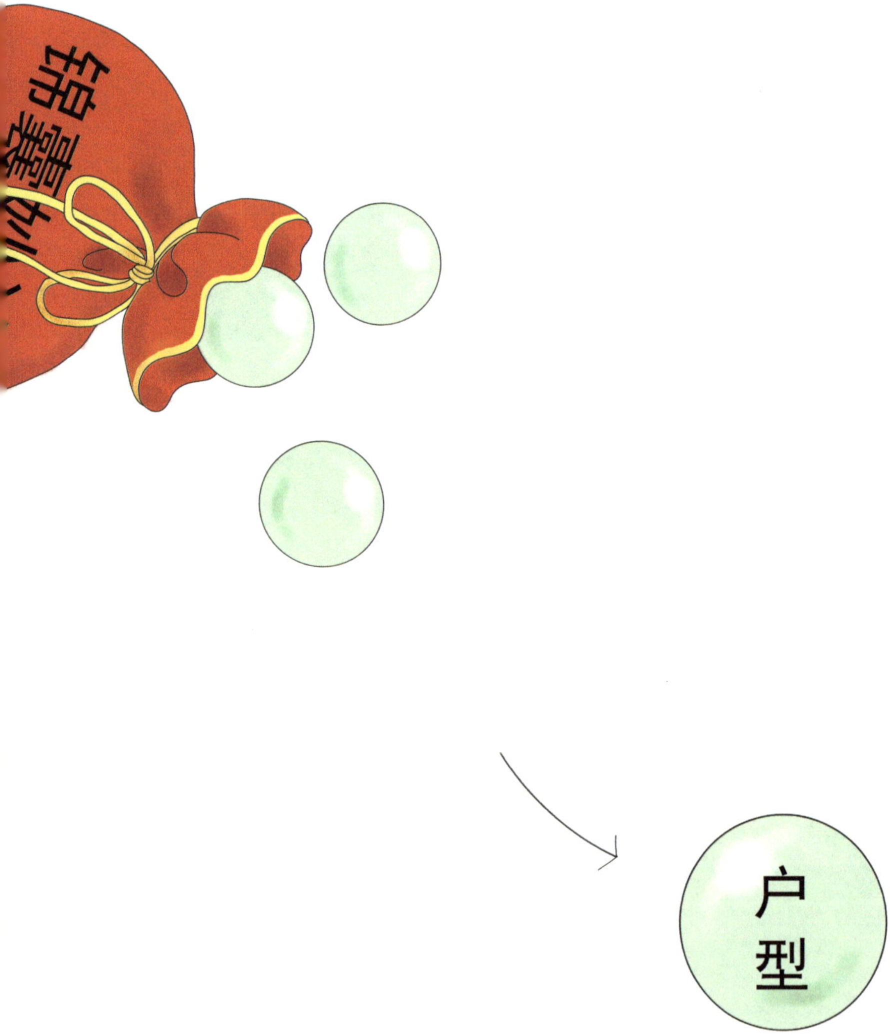
锦囊妙
户型

Part. 04

户 型

—既要住得下—
也要住得好

纠结……
到底选哪个好？

①看日照规划

住宅小区的楼栋规划，决定了自家户型内外环境要素之间的相互作用关系。规划得好的住宅，意味着可以得到更优的采光、良好的视野以及适宜的通风效果，从而使得居住者更顺心舒适。

采光权，是每个公民日常生活的重要权利。这在住宅中，代表着每天至少有1小时的采光日照。日照，能让人减少褪黑素的分泌，使人保持清醒；另外，自然光会让大脑释放出“快乐激素”——血清素，从而促进人体新陈代谢的正常运行。所以，早上睡到自然醒，被日光轻轻唤醒，是件美好科学的事。

除了需要注意采光充足，也要避免采光过曝。若是床头临东边窗户，早上还没睡够就被太阳照醒，则容易导致睡眠不足，从而引起情绪暴躁、争吵不断，选房时需要注意避免。

看朝向

北方地区由于纬度较高，距离太阳远，住宅楼栋设计一般是正南北向。

而南方地区，尤其是广东、广西、海南等北回归线以南的地区，由于炎热日照多，一般可朝向自由，每户保证至少有冬至日1小时的日照即可。

*注：文中涉及的规范要求以最新的地方及地区规划技术要求为准。

为了得到更理想的日照状态，规划布局选择正南北向较佳，其中南向、东南和西南朝向阳光较多；东、西朝向大约只有南向日照的1/2；而东北、西北和北向大约只有南向日照的1/3左右。为了避免东西边房间遭受阳光暴晒，一般住宅楼栋南偏东角度建议不宜超过15°（下右图）。市面上很多南偏东30°的产品（下左图），到冬天时西北边便可能遭受冷空气侵扰，使房间寒冷不已，选房时建议综合考虑。当然，冬天不冷的地区可以不必顾虑此项。

*注：常年盛行风向与常规出现差异的需结合地方风玫瑰图综合判断。

看面宽

日照，意味着采光与自然消杀功能。近几年在户型设计上，更多趋向于多面宽的设计，以吸纳更多的日照。

所谓的多面宽户型，也就是朝向采光面的长度越长或房间数量越多，户型的采光面宽就越多。此外，多面宽还可使房子视线上显大，可谓一箭双雕。这里需要注意：由于面宽变多，户型体型系数变大，户型外围总周长变长（户内外接触的界线变长），此设计不利于户型的恒温保暖，多面宽户型的优势在北方地区不一定适用，选房时需结合地域特点综合考虑。

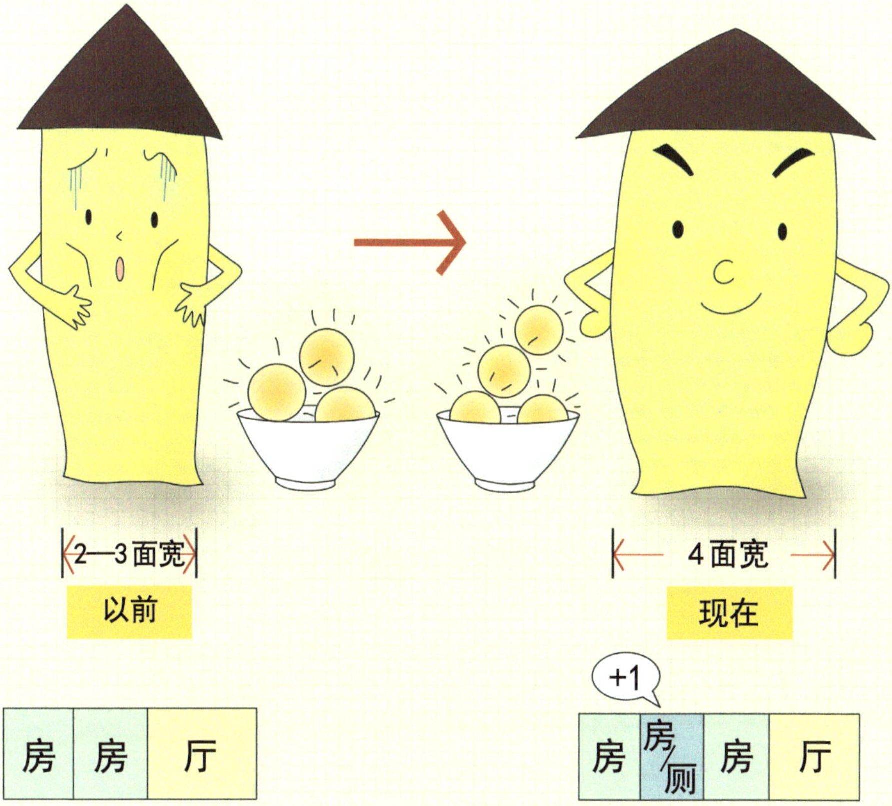

看坐向

另外，住宅的朝向也需要结合周边用地环境来研判。如：住宅南边为高大山体的，由于山体会挡住大部分的夏季季风，而北向寒风遇山体则会倒流，朝南反而会寒冷不已。因此，此时朝向可以一反常规，选择坐南朝北的设计。另外，过高的山体也会遮挡南边的太阳，朝北更利于采光（注意：坐南朝北仅适用于南方地区）。

*注：常年盛行风向与常规出现差异的需结合地方风玫瑰图综合判断。

有些住宅规划为了得到更好的景观资源，会让户型直接朝向景观面，而不过于顾及朝向、遮阳、通风等物理环境的舒适度。但由于朝向不佳，此类户型一般只适合偶尔度假居住使用，或者需花费一定的成本及技术手段去维持家中温度、湿度等环境的舒适性，如设置遮阳百叶帘或中央空调等。

现在很多北方地区的人们，会选择在南方买一个景观度假性质的住宅或公寓，作为其第二居所（第二个家），以便在寒冷冬季来临之时趋暖避寒使用。

但是由于一年可能只短住 1～2 个月的时间，其他的空置时期里，可以选择委托酒店公司进行运营管理，把其作为酒店式公寓出租，使之居住收益两不误。

②看通风规划

如果想要把海景房作为长期居所使用，朝向角度又没有问题的话，唯一需注意的就是海风问题了。

由于海风又咸又湿，长期居住易得风湿关节炎，对老弱病残人群尤为不利，家电也会因海风的腐蚀性而易生锈受损。此类型住宅也可通过花费一定的成本花销，去维持家中环境的宜居性，如全天候空调调节或抽湿机等。

良好的通风，可带来干燥、洁净、富氧的空气，汰换掉室内潮湿、浑浊、受污染的部分空气。

所以通风状态越好，意味着室内空气更“新鲜”。根据测定，能够形成室内适宜风环境的风速在0.2～0.5m/s时为最佳，最大不宜超过3m/s。所以风速也是需要不快不慢，刚刚好，才能避免产生不必要的不适感和寒冷感。

看通风路径

通风好，意味着能得到更新鲜、干燥、卫生的空气。

然而，在高密度自建房、密集联排别墅或城中村中，由于栋与栋之间楼距过窄、视线干扰严重、公共景观资源匮乏，住户一般不会轻易开窗，以免隐私受损。又由于进风路径受各个楼栋的阻碍，就算开窗了，通风效果也不佳。

因此，有良好的通风路径，是保障良好通风效果的前提。

看楼层

一般楼层越高，通风效果越好。但住宅也不是越高越好，需要因人而异，因应自己的需求而进行选择。

如：恐高或怕冷的老弱人群，适合10层及以下的低楼层；而喜欢采光通风好的，可以选择20层或以上的高楼层。如顶层户型一般景观视野好，而且也无人会造成噪声干扰（顶上无人）。

城市中的住宅，缺乏丰富的植被进行吸音，导致声音的传播路径一路顺畅、毫无障碍，使得一般高楼层可能会受到更多的道路交通噪声的污染。

所以若是临路设置的住宅楼栋，可选取15～20层的户型。这样不单可不受高处噪声以及低层汽车尾气的空气污染，同时还能有较好的采光、通风的居住环境。

看布局

一般规模在1 000户左右的居住小区，由于楼栋数量少，规划设计常常会呈现为中央围合式布局。

优点是：中央园林景观一般场地较大，而且南北楼距间也较为宽松舒适。缺点是：所有楼栋均沿路设置，就算是南北通透的大户型也易遭受沿路噪声、灰尘的影响。

而规模＞1 500户的大型住宅社区，则由于用地面积大、规划设计灵活度高，一般可以在用地中央范围设置住宅楼栋。

由于不受外部干扰，独享园林景观，内部楼栋一般也是作为“楼王”来进行设计，作为尊享的VIP楼栋。

设计避雷——狭缝

除了看规划布局及楼层高度外，选房时还需注意避免住宅正对两楼栋之间的狭缝。狭缝会导致形成自然界中的“狭管效应”——气流通过狭缝后风速加大直冲后方，使得后面被冲的住宅长此以往风速过快，产生不适感及寒冷感，选房的时候要尽量避免。如果面对的缝隙较宽、距离较远，则对风速影响不大，无须担心。

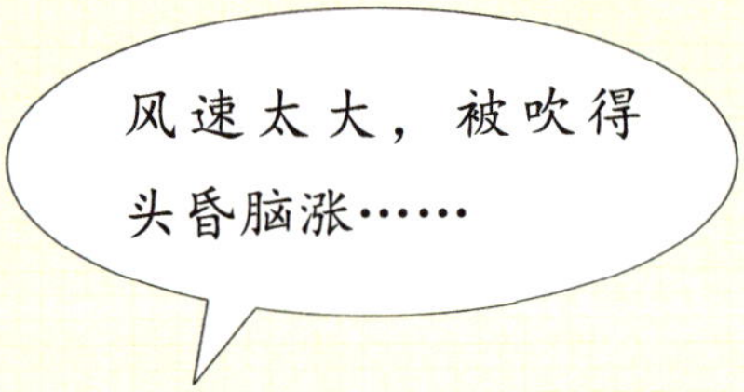

狭缝界定：宽度＜建筑高度的1/8

③ 看视线规划

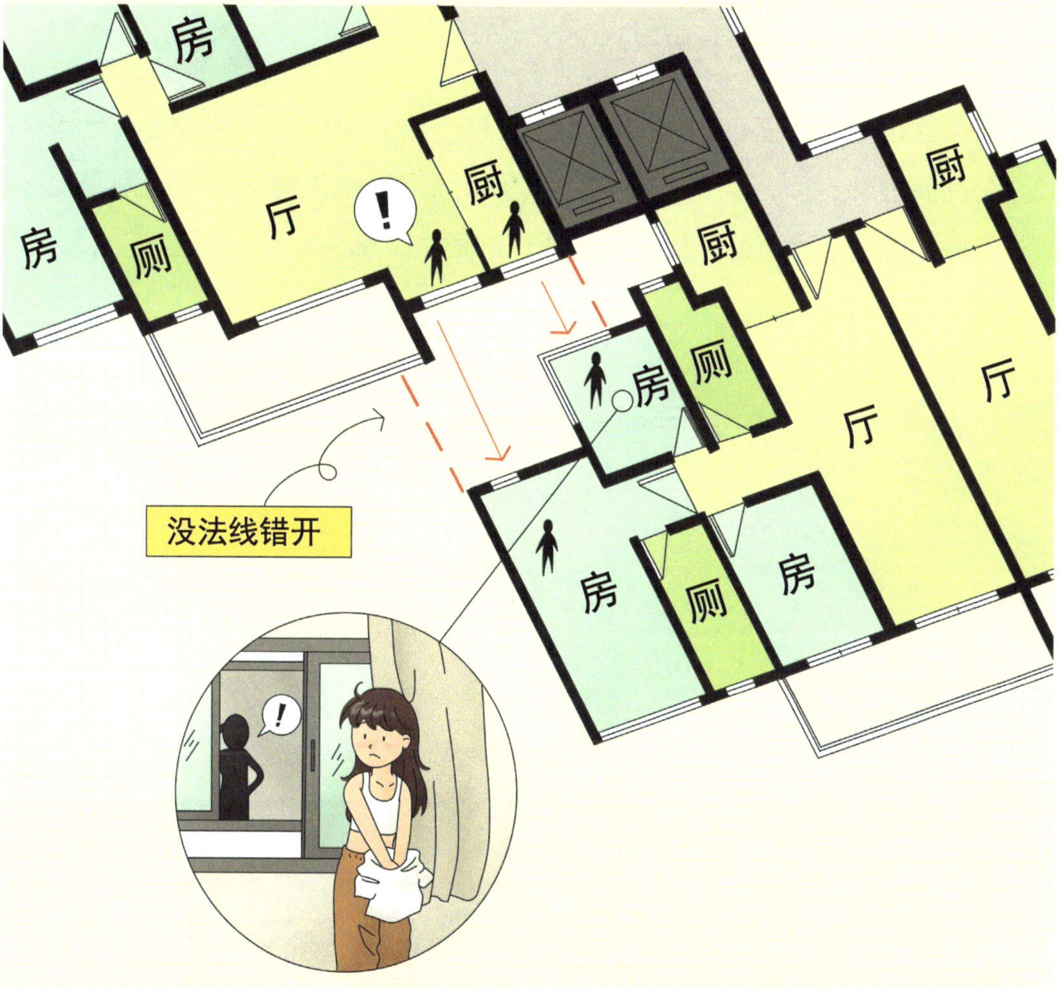

现在在南方地区，涌现越来越多的多面宽户型，在拥有更多采光面的同时，也更容易产生视线干扰。

因此，选房时除看户型内部的格局外，也需注意看整个楼层的标准层平面及总图上各楼栋间的对视关系，户型之间的窗户视线要法线完全错开，以免遭受日后的视线干扰之苦。

设计避雷——走道

北方地区的户型，由于多数是正南北的板式楼栋设计，部分的户内功能空间难免会与北边的户外公共交通廊道相邻，导致相互间产生视线、气味、隐私或是噪声的干扰。

这里建议北面临走道的空间，宜设计作为厨房、玄关或者客厅等公共属性的空间，如用作卧室、书房等强调私密静谧的空间，则易受走廊的视线或噪声的干扰，降低居住舒适度及私密性。

走道临近卧室

走道临近厨房

设计避雷——大门

现在的住宅设计为了提高实用率，往往一梯多户，常常出现自家大门与邻居大门相对的情况。遇此情况，则自家的内部隐私易被对方一览无余，从而可能引发心理安全边界的不适感。

如实在难以避免，也不需要跟邻居就此事过度争执，可在大门的左右两边放置植物，以进行适当的视线遮挡，或在户内增设屏风来阻隔视线。毕竟远亲不如近邻，凡事以和为贵。

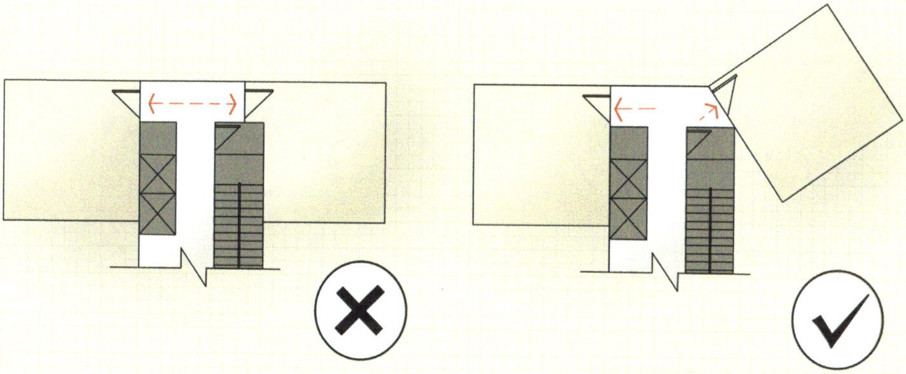

设计避雷——电梯

另外，设计上住宅的大门也不宜正对电梯门，原理与两门相对的情况相似。当大门与电梯门同时打开时，家宅内部情况就易被一目了然，导致心里可能产生一种被监视感，从而形成视线干扰。长此以往，可能会使住户心理不能安定，可采用上页办法适当遮挡视线。

安全视线

当然，邻里间的视线也有好的方面。如低楼层的住户，可以方便观察在小区内活动的自家老人和小孩。相互间的看与被看，加强了公共区的社会监督安全性，还利于邻里间的情感交流及社区良性氛围的营造。此外，低楼层的住户还能近距离享受小区园林美景，便捷地使用楼梯出入，还能更接“地气”——保持室内恒温、减少昼夜温差变化，实在是好处多多。

有些住宅楼栋会设计成咬合式阳台，显得阳台空间层高更高，外立面更时尚，也更舒服大气，还提供给人以种花、健身的户外空间。然而这里需注意规避可能引发的上下层视线干扰或是阳台二次加建的问题，最终易影响居住体验以及建筑外立面品质感，介意的需要进行综合考量。

④看懂指标很重要

选房时经常会遇到很多专业词汇，如公摊、使用率、实用率、容积率、绿化率……听起来迷迷糊糊，不明其解，稍有不慎就易被销售糊弄。

那么这些词到底是什么意思呢？使用率跟实用率又有什么差异呢？不急，接下来亦心向大家一一解答。

容积率=计容建面÷用地面积

首先，来认识一下容积率。

容积率是指计容建筑面积（一般为地上建筑面积）与用地面积的比值。也就是说，容积率越高，土地开发强度越高，一般高层小区容积率为2.5~3.5，而超高层小区可达到4.5~5.5。

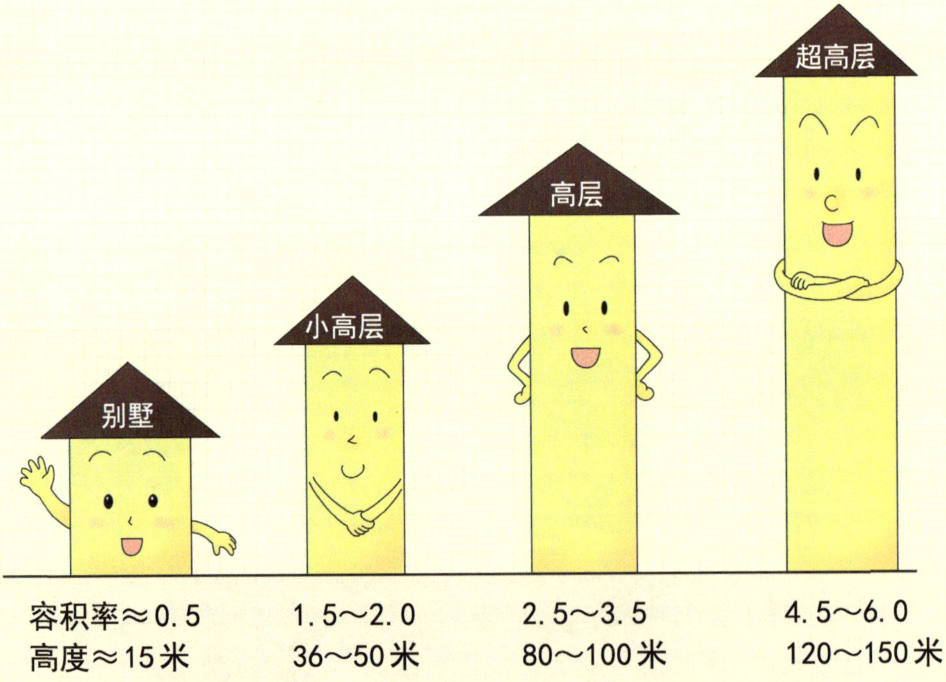

*注：文中涉及的规范要求以最新的地方及地区规划技术要求为准。

绿地率=绿地面积÷用地面积

另外，绿地率也是衡量小区建成品质的重要指标。

一般住宅规划要求小区的绿地率≥30%，绿地率越高，小区景观园林越多。但各地方对绿地面积的认定和计算标准不一，部分地区屋顶绿化、水景也能算作绿化面积，而部分地区则不能，所以绿化率不一定等于植被率。

*注：文中涉及的规范要求以最新的地方及地区规划技术要求为准。

公摊=首层大堂+机房+设备房等

公摊也是令很多人迷惑的点：公摊是不是指分摊每一层的公共区域面积呢?

其实除了每层公区，公摊还包括首层大堂、屋顶机房以及服务于该楼栋的设备房等面积。而每户公摊面积会按户型面积大小来分摊，因此，每户实际分摊可能会比按公区面积均分要多。

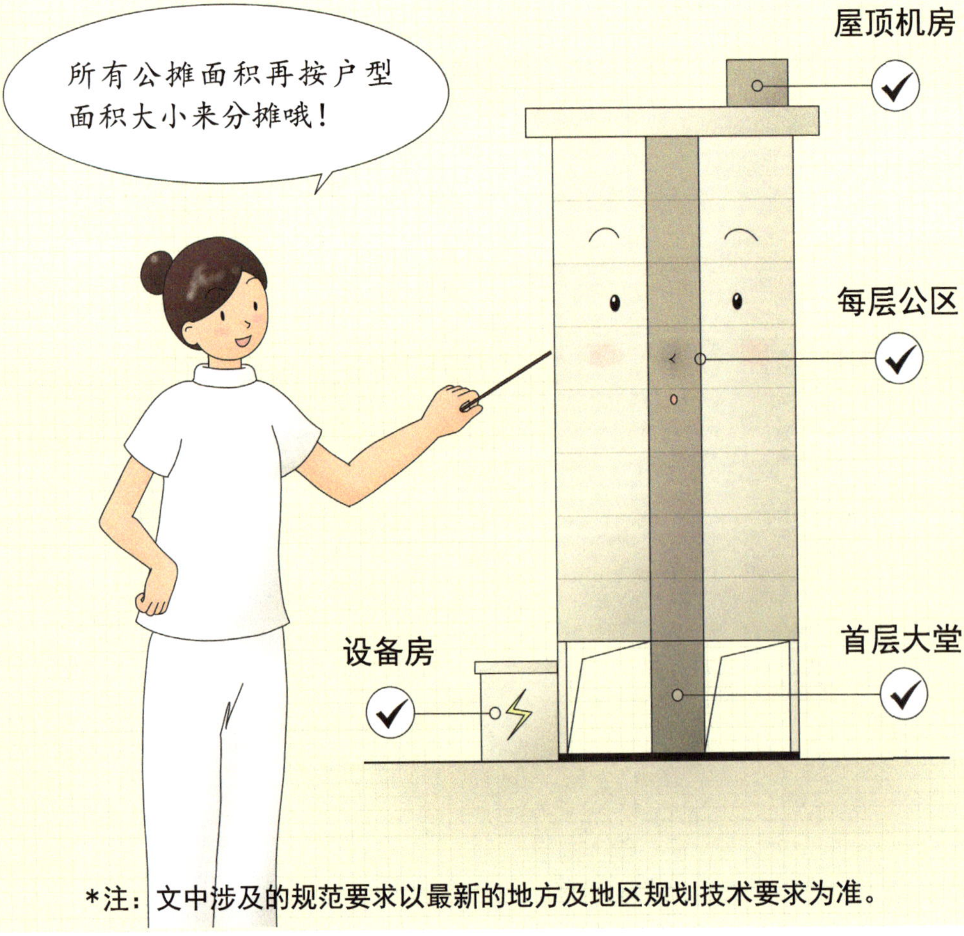

*注：文中涉及的规范要求以最新的地方及地区规划技术要求为准。

梯户比＝电梯数÷户数（标准层）

梯户比，顾名思义就是标准层的电梯与户数比，如一梯两户、两梯四户、两梯六户等。

户型的梯户比越低，意味着楼栋每层的户数越多，每户分摊的面积越少，日后使用电梯等候时间可能会过长，从而降低居住的实际品质体验感。

如：

两梯两户

- ✓ 采光通风佳
- ✓ 等候时间短
- ✗ 单价&总价高
- ✗ 分摊大

两梯六户

- ✓ 分摊小
- ✓ 单价&总价低
- ✗ 等候时间长
- ✗ 易造成视线干扰

*注：文中涉及的规范要求以最新的地方及地区规划技术要求为准。

实用率=套内面积÷每户建筑面积

实用率是套内建筑面积与销售建筑面积（套内建面+分摊）的比值。一般高层板式楼栋实用率≈75%，而点式楼栋（如下图）实用率≈80%。实用率越高，代表花在分摊上的钱越少，但这不是简单的越高越好，也要看公区品质，否则一味追求高实用率，却住到了两梯八户或三梯十二户的房子，就得不偿失了。

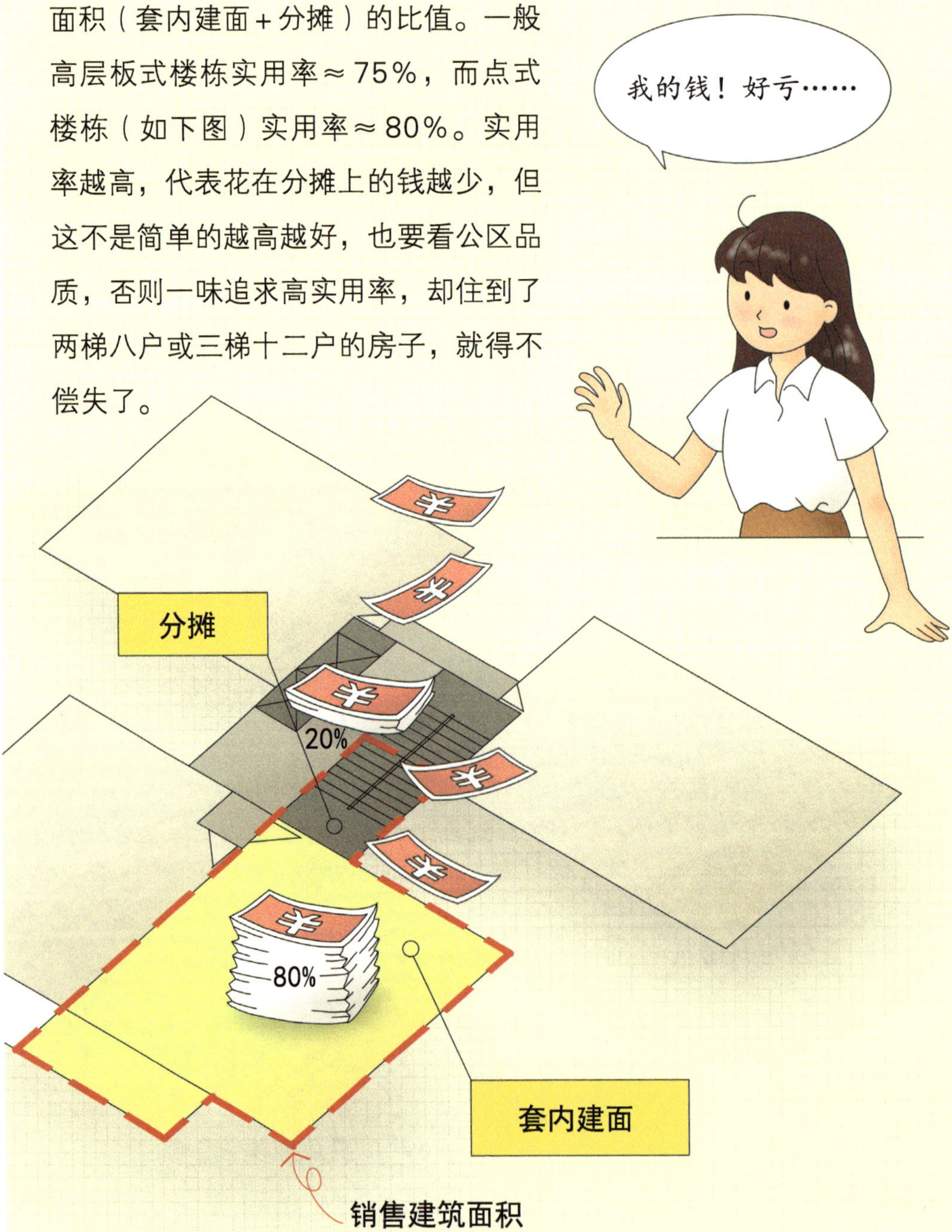

*注：文中涉及的规范要求以最新的地方及地区规划技术要求为准。

使用率=套内使用面积÷每户建筑面积

使用率则与实用率有一定区别，使用率是套内使用面积（除墙体及分摊外）与销售建筑面积的比值。

此比值一般能更好地体现户型的实际使用面积与支付买卖销售面积的效率，比实用率更为有效直观。

*注：文中涉及的规范要求以最新的地方及地区规划技术要求为准。

得房率=（套内面积+赠送面积）÷每户建筑面积

得房率，是指可供住户支配的建筑面积与每户建筑面积之比。又叫“赠送后”实用率，之所以多了“赠送后”，是因为在计算得房率时，会把飘窗、阳台等在规范上不计算或半计算面积的空间，也按全计算的方式计入每户得房面积中。很多开发商在宣传时，声称实用率高达90%～100%，往往很可能是偷换概念，利用了这个计算方法。此外，各地方的面积计算标准有差异，选房时需注意辨别。总的来说，得房率越高，赠送的面积就越多，购买时就可能越实惠。

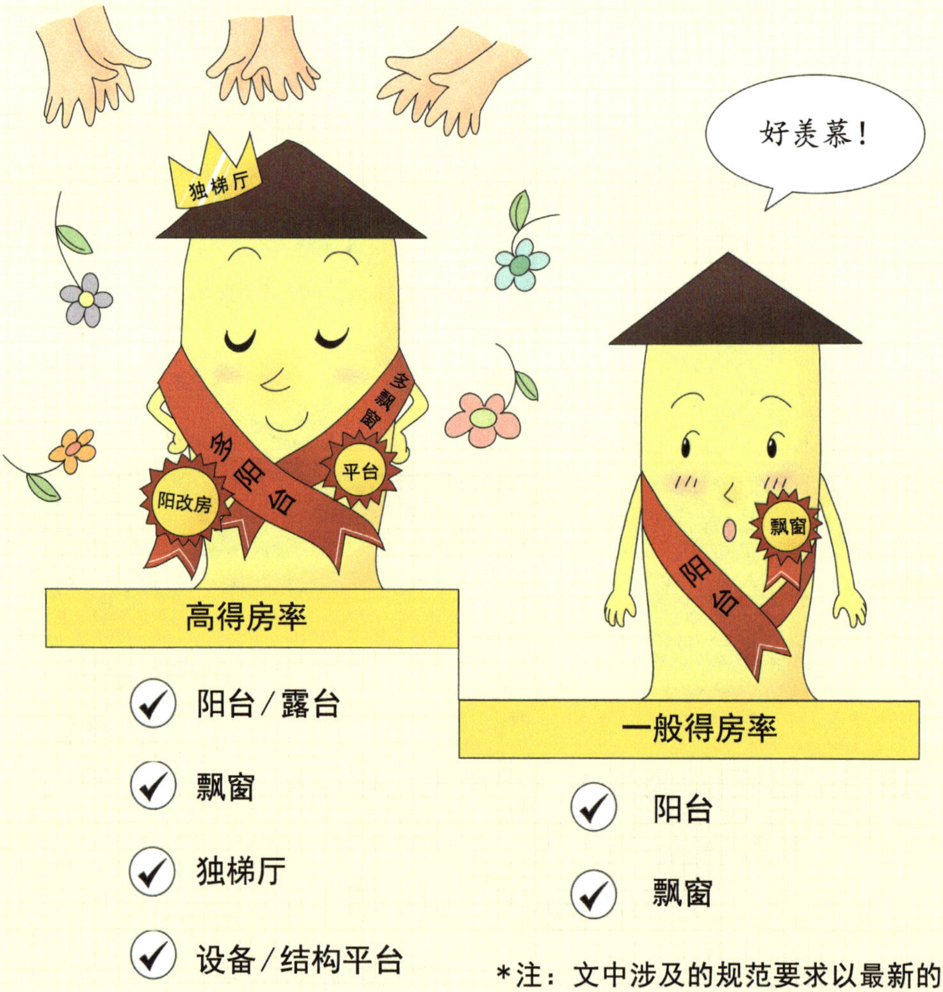

*注：文中涉及的规范要求以最新的地方及地区规划技术要求为准。

框对面积

设计师买房时，一般会给自己的户型用电脑软件内部框一下“赠送后”的套内面积。如买89平方米的房，“赠送后”面积能有80平方米，就很划算了。一般得房率（赠送后实用率）在85%～95%，是比较理想的。

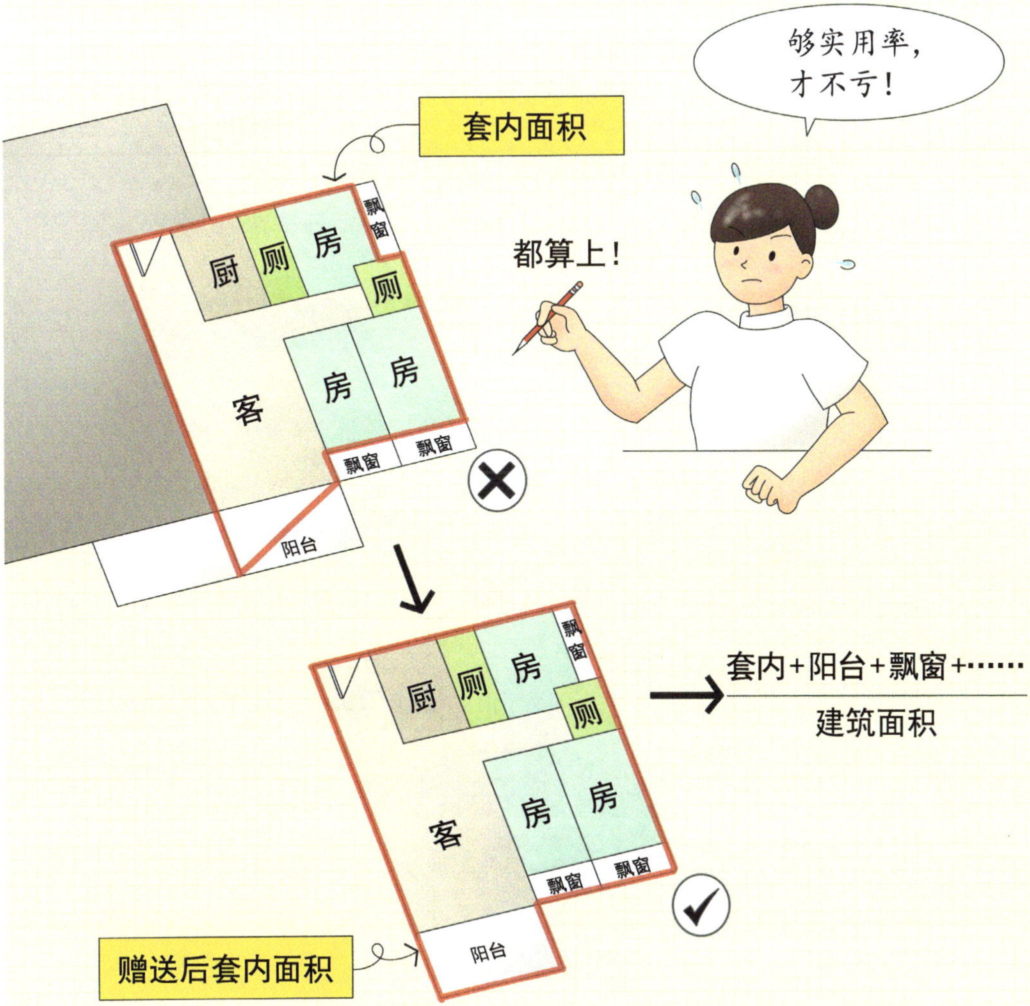

*注：文中涉及的规范要求以最新的地方及地区规划技术要求为准。

总价定律

当然，有时候要关联各方面，综合地进行判断。得房率不一定越高越好，只有在可选的户型单价及品质差异不大的情况下，得房率才会越高越好。

毕竟赠送部分的面积也会计算到开发商的建造成本里，羊毛出在羊身上，表面上是赠送的部分，其实终究也还是要消费者买单。如得房率高的户型单价过高，还不如直接买常规设计的低单价户型。

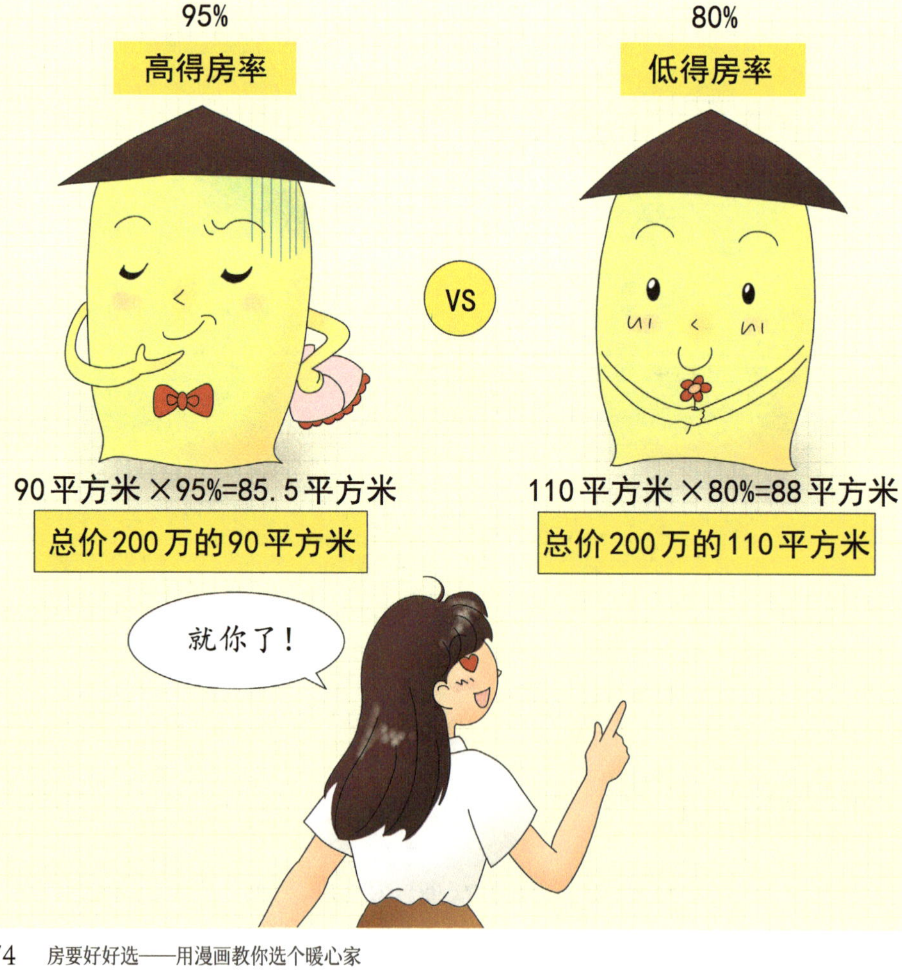

↑得房率→↑实际容积率→品质↓

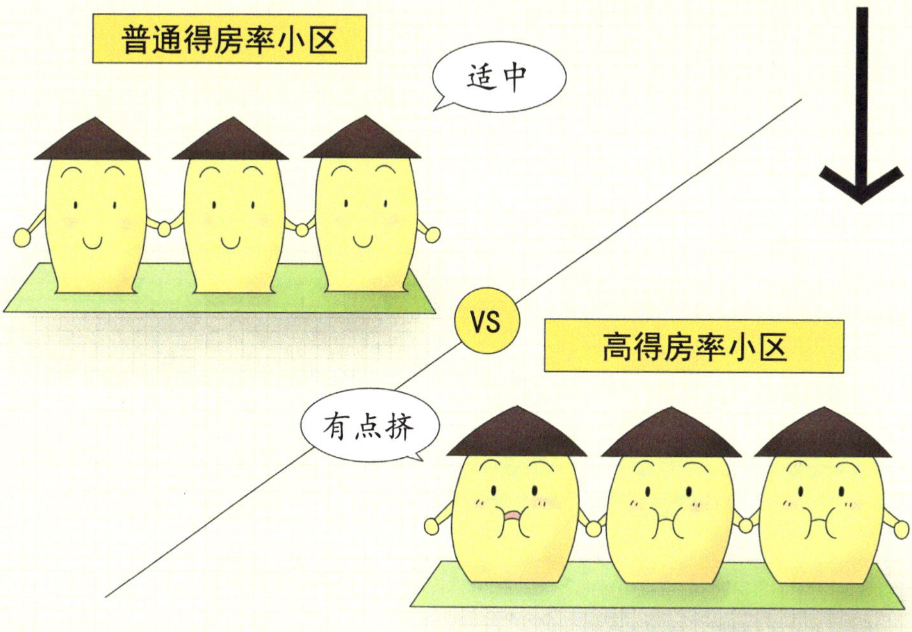

此外，高得房率还意味着开发商在可建设量外额外地进行了多建，也就是小区的实际总建筑面积会比计容建面（容积率允许范围）大。

这往往导致容积率3.0的小区，算上赠送后面积的实际容积率可能达到3.2～3.3。最终导致小区实际建筑量大大增加，建筑密度加大，楼距变窄，进而降低住区的品质体验感。

划重点！

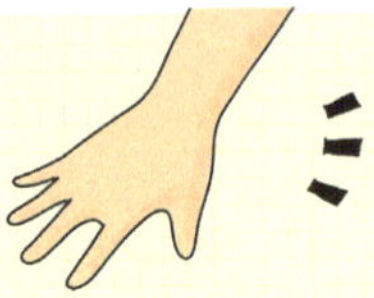

总的来说，选房除了看住区的规划布局外，拥有理想指标的户型，意味着拥有更优质、更宜居的居住品质。因此，在选择时也要多留心注意。

户型成分表		
容积率	计容建面 ÷ 用地面积	
绿地率	绿地面积 ÷ 用地面积	越高越好 ↑
实用率	套内面积 ÷ 每户建面	
得房率	(套内+赠送)÷ 每户建面	综合地看
梯户比	电梯数 ÷ 户数（标准层）	
使用率	套内使用面积 ÷ 每户建面	越高越好 ↑

⑤家庭房间要留足

想要一步到位，买到能住一辈子的全龄宅，结合自己的家庭结构进行需求策划十分必要。

在家庭需求变化的情况下，住宅的房间数建议为家庭全生命周期需求数的上限，如最高需3房，则买房时建议尽量选择买3房。

比如：

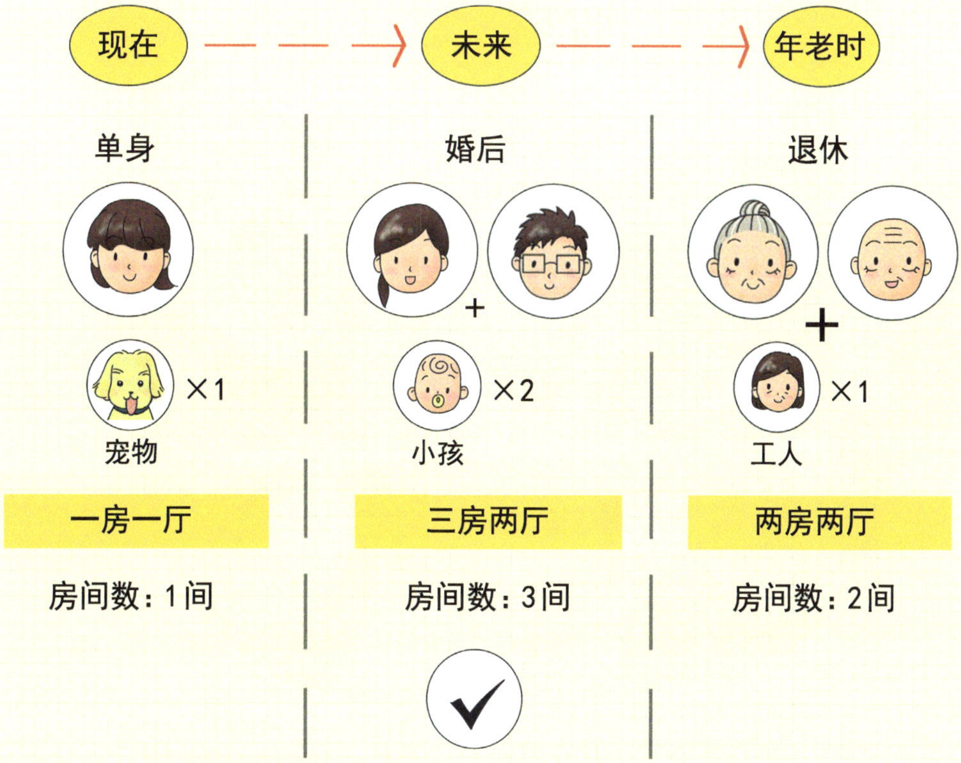

“N+1”房

当然，如家里经济情况较为宽裕的，可在家庭需求房间数上限“N”的基础上，选择“N+1”房或是“N+2”房，为家庭需求的灵活变化留有余地。

如婚后生娃初期，需要家里老人或者住家保姆过来帮忙带娃的，买房时富余出来的房间，此时就可以发挥作用了。

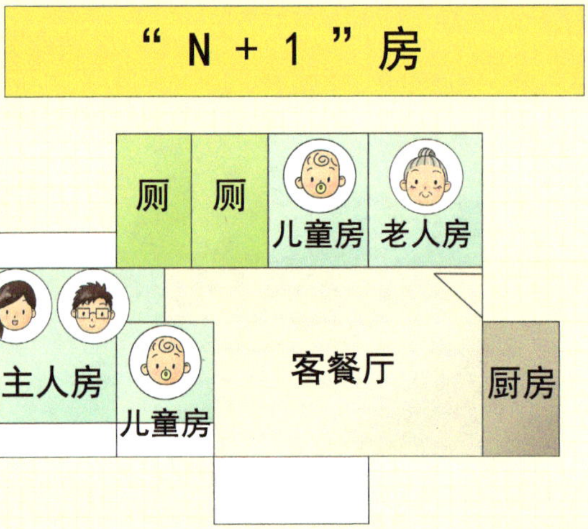

“+1”爱好空间

多一个房间，除了能满足与家人同住的需求外，“N+1”房多出来的房间，也可提供给家人用作不同需求的爱好空间。

如：男主人的书房、女主人的专属衣帽间、儿童的游乐区、音乐室、收藏室、合家欢的电竞房……使生活足不出户便多姿多彩。

“N-1”房

若经济较为紧张，或不希望空间有所浪费的，可选择“N-1”的房间数，这样可以更有效地提高空间使用率。

但需注意次卧的均好性，以免影响使用时各使用者的私密感，影响自我心理边界的建立与维护。另外，异性的儿童不建议采用此布局，以免影响日后心理的健康成长。

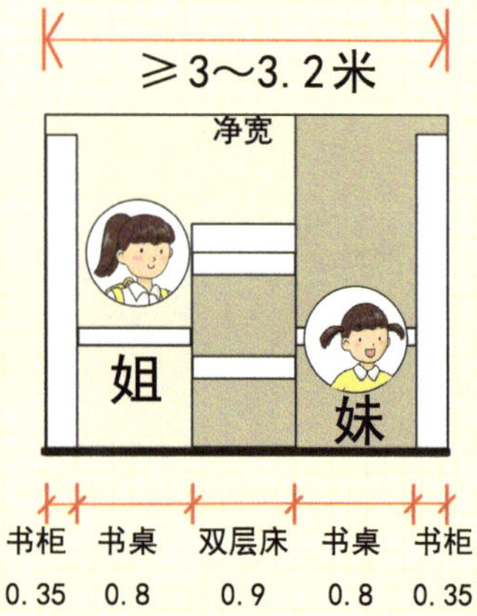

“-1”储纳空间

此外，还需注意全家整体的储纳量。越紧凑的户型，越容易出现不够空间进行收纳，致使东西到处摆放而显得凌乱的情况。

因此，只有拥有了充足的储纳空间，小家才能住得方便，住得舒心。

划重点！

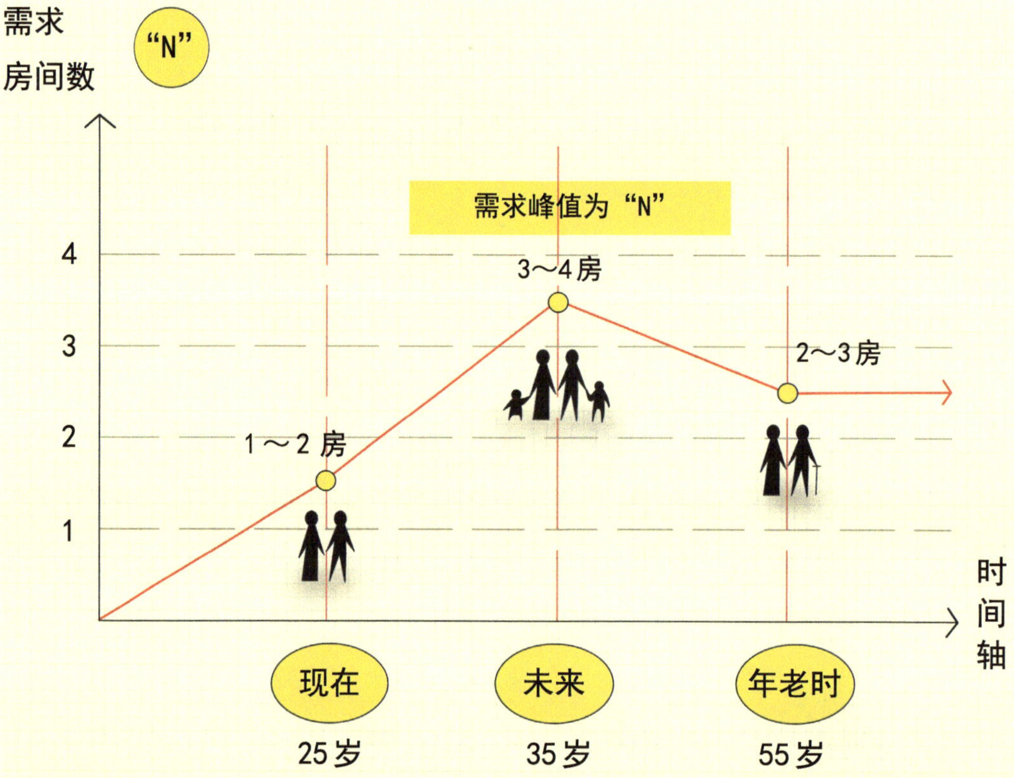
需求
房间数
“N”
需求峰值为“N”
4
3
2
1
3～4房
2～3房
1～2房
时间轴
现在
25岁
未来
35岁
年老时
55岁

总的来说，结合家庭需求和经济情况，选择N、N+1或N-1房，最为理想。

⑥ 玄关—收纳永远不嫌多

玄关是入户内的第一个空间，是外出状态切换回居家状态的转换空间。

因此，拥有一个舒心的玄关，将更有利于居住者从工作的压力状态切换回放松的状态，更好地张弛有度地享受家中生活，让生活充满仪式感。

过去很多老旧小区的户型都没有设置玄关，导致常换穿的鞋子散落铺满了整个入户地面，餐厅的桌面变成常用物摆放的重灾区，杂乱难以整理。

因此，玄关空间不单是鞋柜的摆放处，还兼容了许多多元化的生活功能需求。

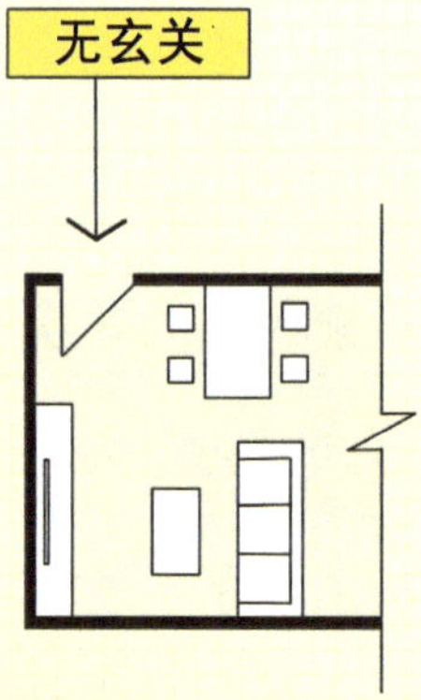

人性化设计

因此，玄关除需要设置充足的收纳鞋柜外，还需留有常用鞋子的临时摆放的空间，以便于使用者更好地归整散落的鞋子，维护家庭整洁。

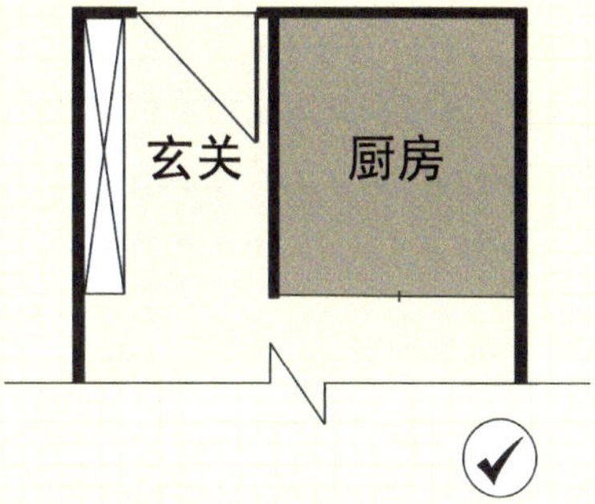

另外，鞋柜底部还可结合补充照明的灯槽设计，使老人家不用弯腰便可看清最底层鞋子。

玄关除设置鞋柜外，还建议设置供换鞋时使用的座椅区。以便老人、小孩出门时从容换鞋，不至于久蹲站起时因低血压而晕眩跌倒。

另外，家中有老人的，最好在鞋柜的一侧增设助力扶手，以便老人站立时给以借力支撑，使家更安全。

高频收纳

除换鞋功能外，玄关还建议留有摆放钥匙、包包、外套、帽子、围巾等外出常用物品的置物区。

由于都是高频使用的物品，并且是一到家就需要放下的，因此需要让其各自有适合的、方便的归属空间，才能实现玄关空间的井井有条。

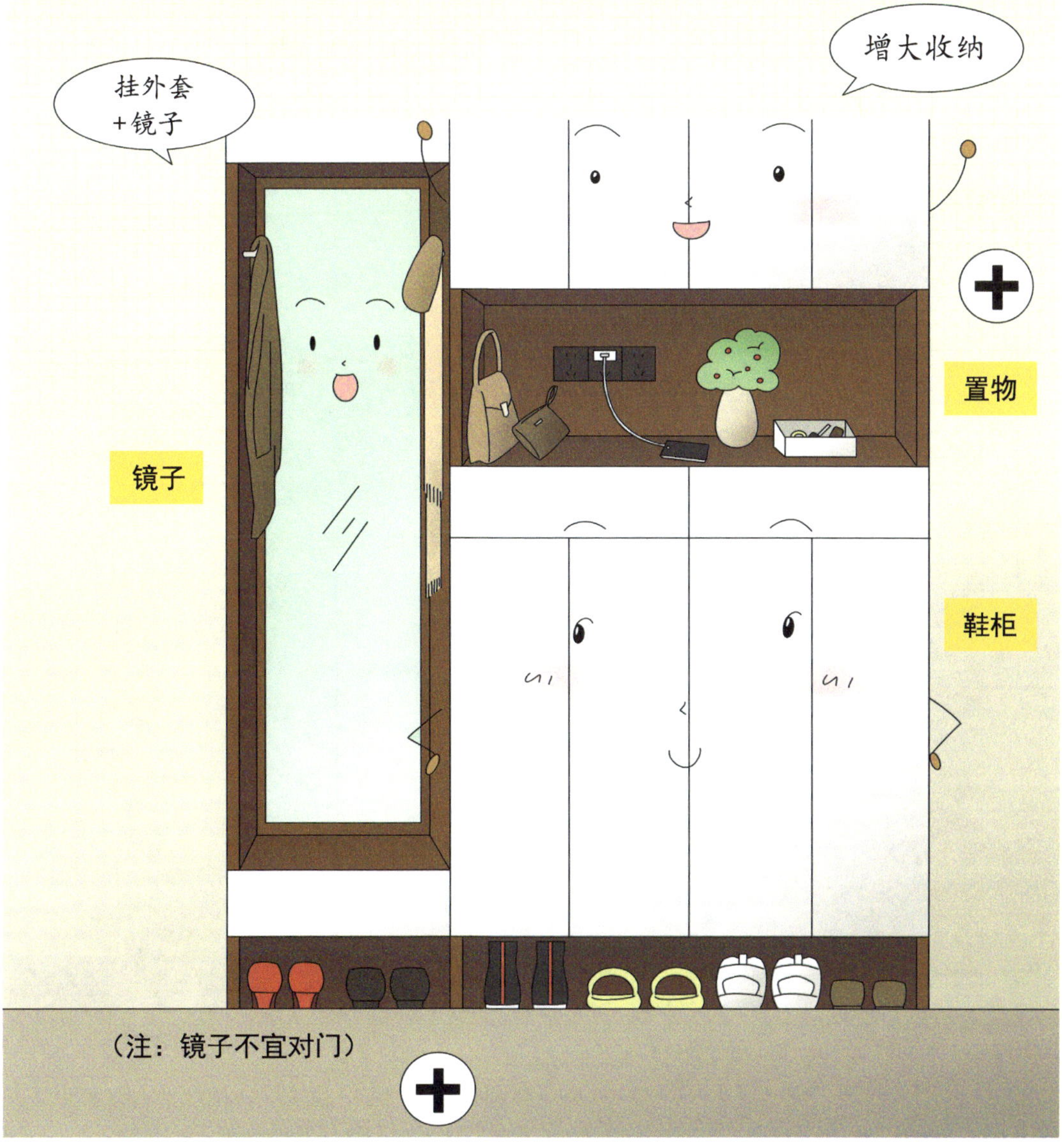

低频收纳

除高频物品收纳外，还需有足够的收纳空间放置雨伞、雨衣、购物车、运动器材、球类等外用的低频物品。

家有老人、小孩的，还需留设摆放拐杖、轮椅、母婴外出包、婴儿车、婴儿背带、婴儿外出座椅等大件物品的收纳区。

预留扩容空间

通过对高低频使用物品的分析，可以看出玄关的收纳量怎么都不嫌多。

因此，建议尽量选择可灵活扩展玄关柜收纳长度的户型。只有这样，才能更好地预留给未来各种使用的空间，让选择更为自由，居住更为舒心。

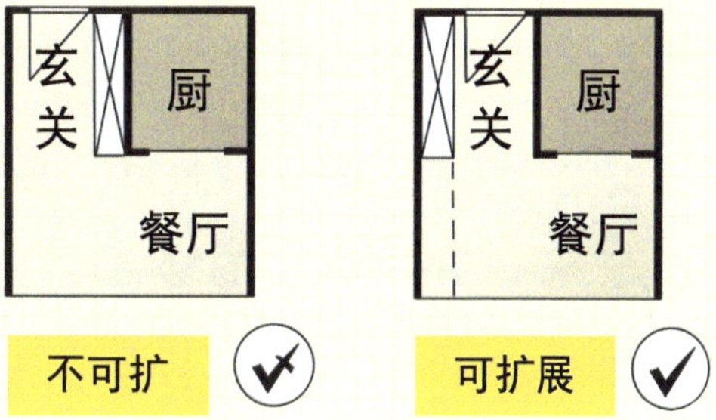

“内/外”玄关

很多户型为了提高售价，会赠送独梯入户的电梯间。这样等于有了双重玄关，住户可按需分区。

如：“外玄关”——换鞋、放置自行车等外部接触较多的物品；而“内玄关”——放置外套、包包等较私密的物品。当然，使用公区的前提是不影响其本身的消防疏散及不燃的安全性能，否则需根据当地消防及物业的意见进行恢复整改。

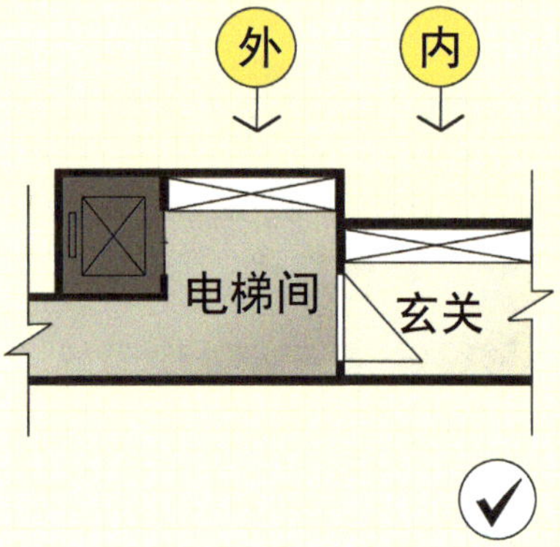

*注：电梯厅用作玄关涉及违建及影响消防的风险，以当地消防及物业意见为准。

补设玄关

有些户型设计时，没有考虑玄关空间及玄关柜放置的区域，导致实际使用时不好增加，也十分不便。

如空间还有富余可调整的，可通过增设间厅柜、“L”型墙、超薄柜等，分隔营造出玄关空间，以更好地充分利用交通过道，增加居家生活的便捷功能体验。

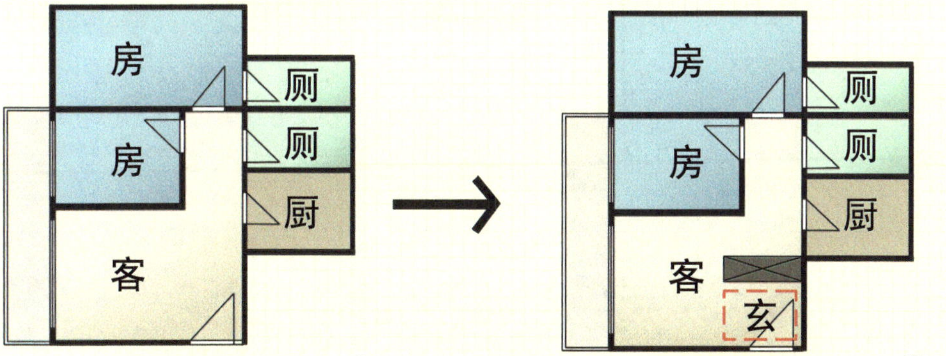

无玄关 有玄关

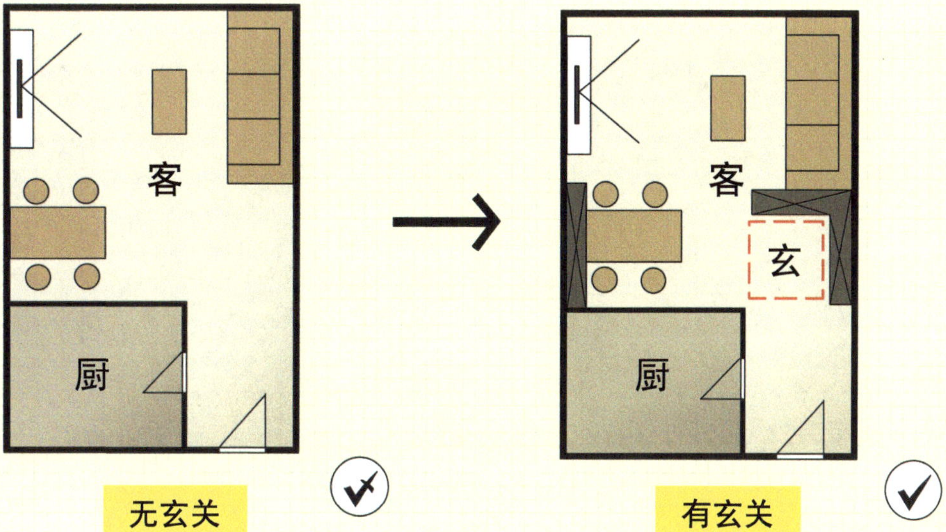

无玄关 有玄关

空间实在有限的，可在入户门的侧墙上，增设收纳用的洞洞板、置物架、置物袋等供收纳的设施，增加空间的利用效率。

只要这样稍微布置，便可给无用的墙体赋予实在的功能意义，使墙体本身就是“柜子”！

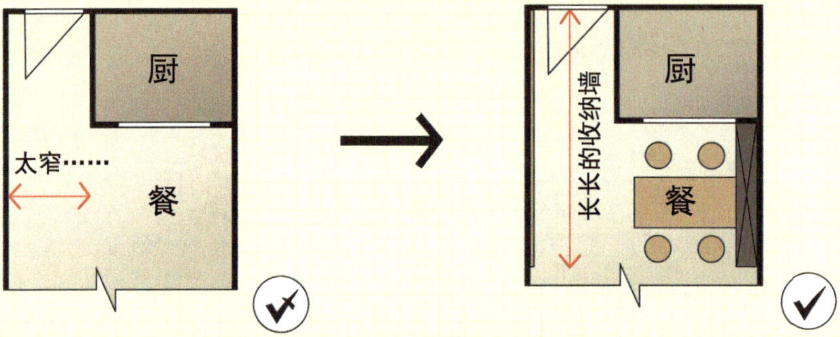

总之，玄关空间虽然面积小，但由于使用频率高，对生活体验的品质感影响十分大。因此，一定要结合实际的生活需要，设置好玄关收纳等功能区，使“回家第一站”+“出门最终站”更舒心。

⑦客厅—客厅也可做咖啡厅

客厅是家庭的共享空间，同时也是一家人情感交流、社交、娱乐的场所。好的客厅不单要空间足够大、能容纳家里所有成员同时享用，还需要满足家庭各成员的多元化生活需求。

这样，才能更好地使客厅不仅是接待客人时候的“客”厅，而且是更满足取悦自家身心的“我”厅。

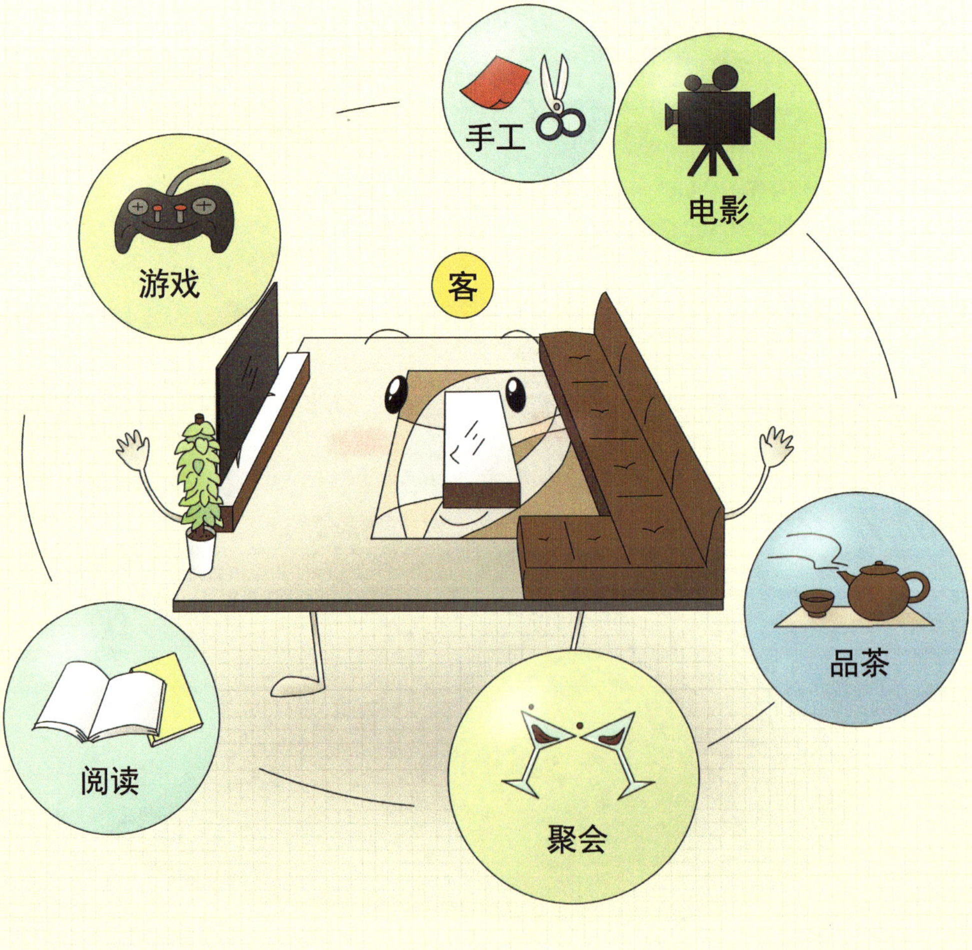

看面宽大小

一般客厅面积大小与户型大小成正比，大户型的客厅面积可达30～40平方米，而小户型客厅一般为15～20平方米。尺寸上，一般客厅面宽（宽度）为3.6～5.0米，进深（长度）为4.5～6.0米，满足此区间内尺寸较为合适。

客厅尺寸过小会显得空间局促，不便使用；而尺寸过大则会导致温度难以恒定或难以看清电视，选房时需综合考虑。

“+1”爱好空间

在客厅空间宽松的情况下，可再行划分出如品茶区、钢琴区、电竞区、儿童玩乐区等不同的爱好空间，使空间层次多元化，能更好地满足不同人群的使用需求。

多功能客厅能更好实现同一大空间中“和而不同”，实现个人活力的充分舒展。

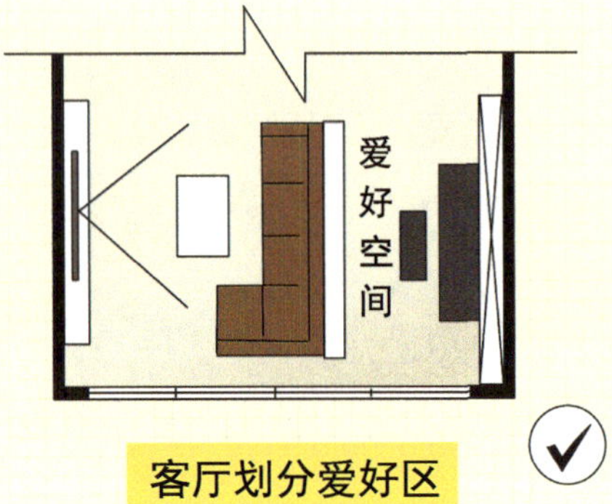

客厅划分爱好区

氛围营造

客厅的氛围，也就是其装修风格，代表了一家人的生活态度，也是一个家庭家风、审美以及价值观的体现。一个舒适的客厅，能有效地促进家庭成员情感的良性交流，从而利于身心健康。

很多人家里为了明亮干净，往往会设置一些冰冷硬朗的家居装饰，诸如过多的石材、瓷砖贴满墙面、过多的金属装饰等，显得威严十足，却难以放松。

久而久之，家人们就可能都倾向于宅在各自的房间里了。

那什么样的空间让人觉得放松呢？很多人会联想到咖啡厅、酒店、度假村……软软的沙发、抒情的音乐，加上柔和的色调，让人瞬间放松。

既然大家都喜欢休闲的空间，何不把它搬进自家的客厅呢？客厅也可以像咖啡厅，这也是开放式厨房容易打动人的原因——吧台本身的暗示，就是休闲放松的精致生活。

让人放松的咖啡厅，在设计上往往崇尚质朴、简洁的自然美，不矫揉造作、不虚伪掩饰，通过运用松木、牛皮、织物、植物等元素材料，营造出简朴自然的田园风。

其实现代建筑的设计审美，均有着人类向往大自然、歌颂大自然美的影子。如玻璃幕墙的外立面，犹如瀑布水流般倾泻而下；而欧式挂石的建筑高层，则宛若天然石山一样安稳泰然。一虚一实，一清一浊，均源于自然。

因此，越是自然材质的元素搭配，越是能有自然的包容感、和谐感，越能让人真真实实地放松，大家不妨一试。

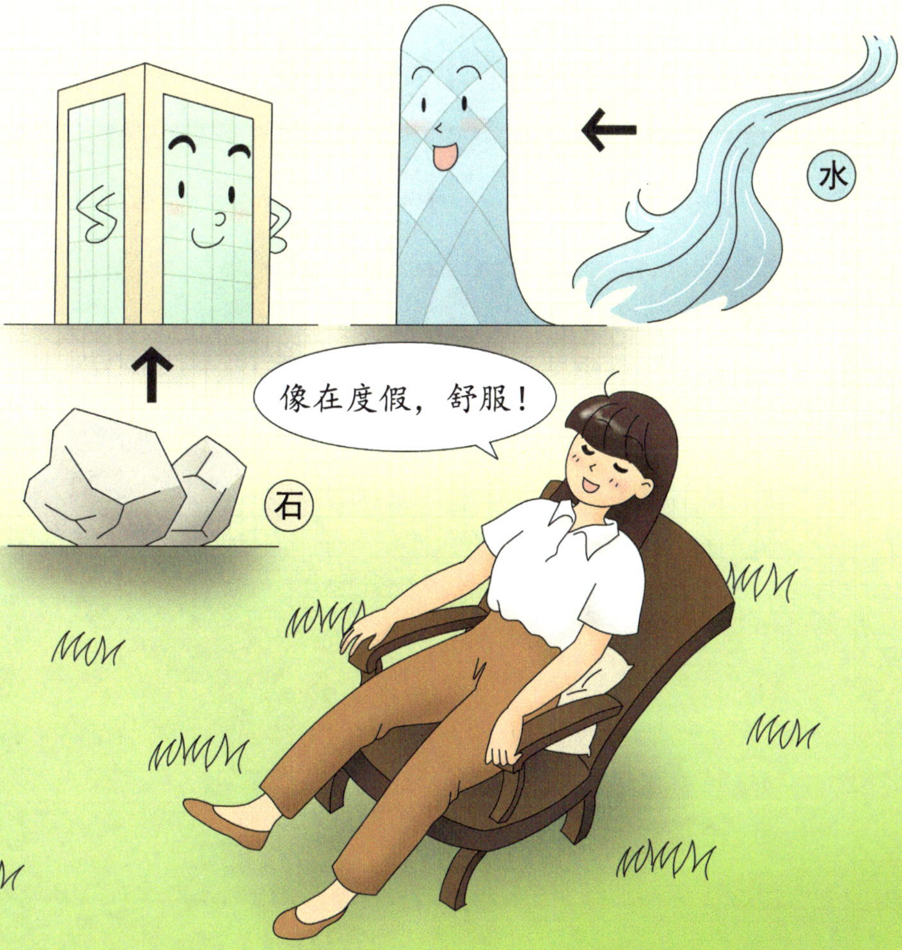

主题营造

现在，越来越多的家庭重视文化教育，希望小孩子可以放下电子产品，多多回归真实生活。

客厅除了以电视机为中心，还可试试以书柜为中心。休闲时光全家一起进行亲子阅读，更能利于父母言传身教、陶冶情操。

由于阅读活动的特殊性，一般最好有高度合适的桌子及椅子来辅助进行。因此，建议划分为2～3个不同高度的小组，以满足不同人群的阅读需求。

偶尔需要全家进行电视娱乐的，则可通过设置投影屏或是带移动支架的电视（会议用电视屏）来实现，这样等于间接增加了电视屏幕后方的收纳空间，使家更利于保持整洁。

此外，如遇客厅空间狭窄，可通过不设茶几、用小尺寸的家具沙发或拆掉多余墙体的方式，来使客厅留出更大的空间，使家显大。

这样的调整操作，在实际中也更便于使用客厅中间的大空间。如用作游戏活动场所给家庭亲子玩乐，或是人多的时候给人席地而坐促膝长谈，从而提高空间的活动效率与灵活性。

无茶几客厅

客厅+/-

有些小面积户型的刚需盘，为了提高家庭客厅的舒适度，可以尝试压缩卧室等房间的面积以匀给客厅，或让客厅跟餐厅的功能合二为一，使客厅的使用场景升级。

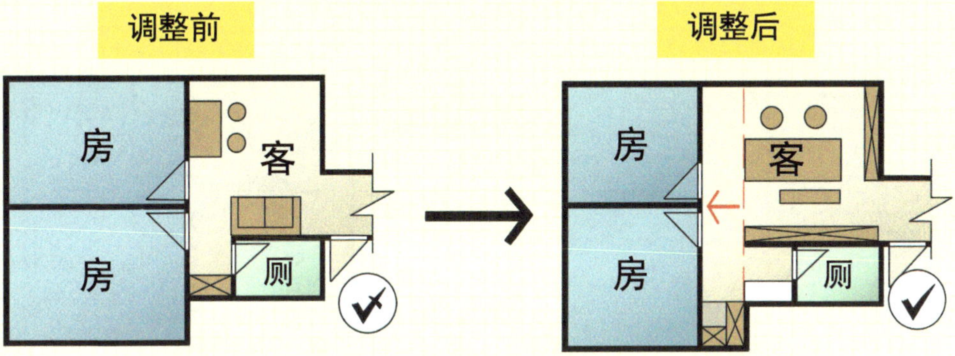

现在很多家庭都少子化，甚至丁克，导致家庭买了市场上常见的三房两卫户型，最后可能不一定需要这么多的房间。

故选房时，可选有可扩容客厅的户型设计，如：客厅与相邻房间为可拆墙体的（非剪力墙），这样可通过调整墙体，实现客厅空间的扩容。或者书房与客厅间的分隔设置为玻璃式的，这样可使视线间相互渗透，同时空间显大、可分可合。

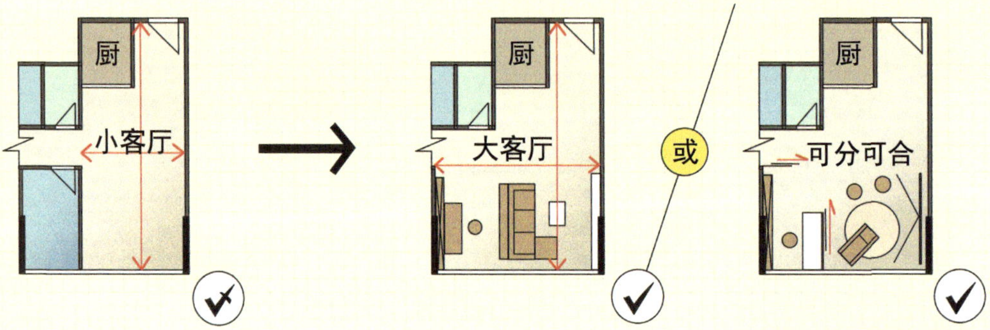

设计避雷

现在常见的户型设计，客厅一般与餐厅相连，形成LDK一体化设计（Living+Dining+Kitchen），这样往往利于家人间活动交流，也让公共空间显大。这里需注意的是，一体化后大门不宜直接对窗，不然会形成“狭管效应”的穿堂风，使家中气流直接窜走。长时间的穿堂风吹拂，如不注意适当保温可能会引起身体不适，建议设置间厅柜或屏风来进行风速的减缓处理。

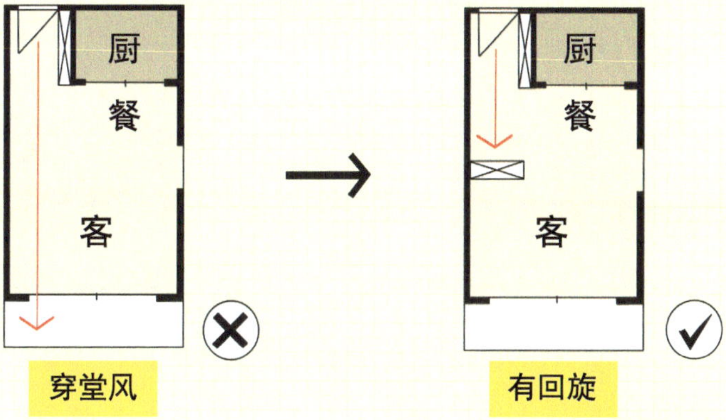

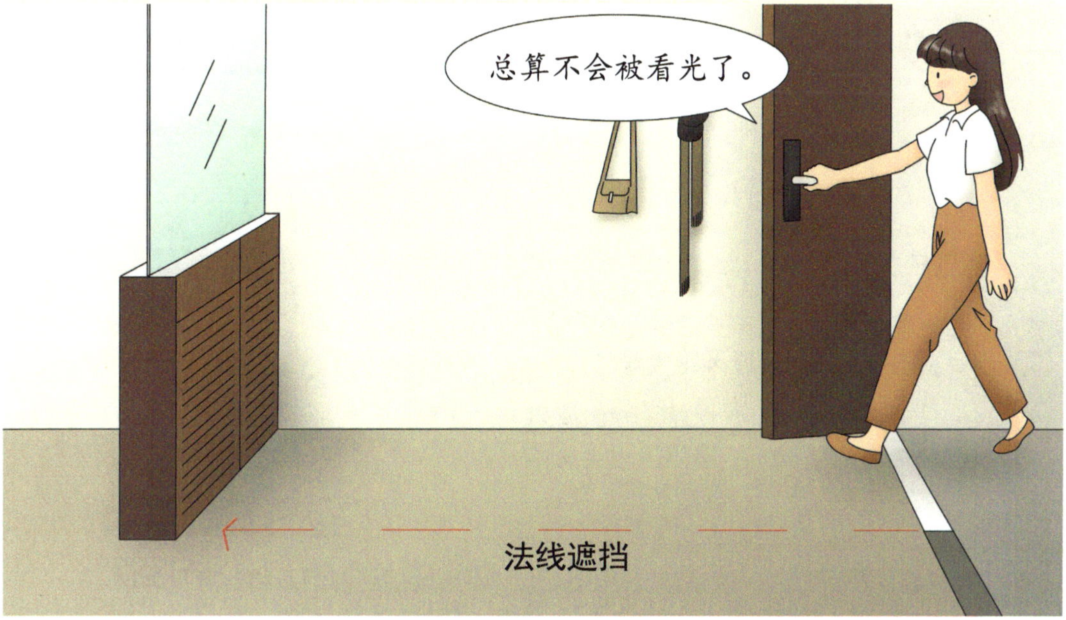

一些人口数量多的家庭，会需要更多的房间，除可直接选择买大户型外，也可选择买两套小户型进行二合一的打通设计。

如可选择两个户型中间非剪力墙的部分进行合并，这样二合一之后中间墙体才可打掉，以实现大客厅的有机整合空间。

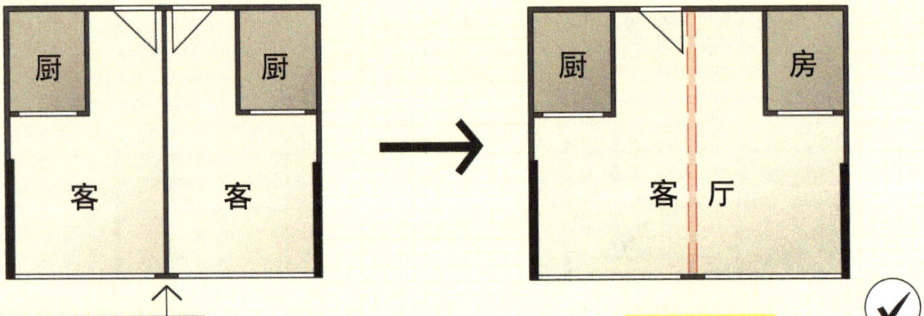

注意需为非剪力墙

可二合一

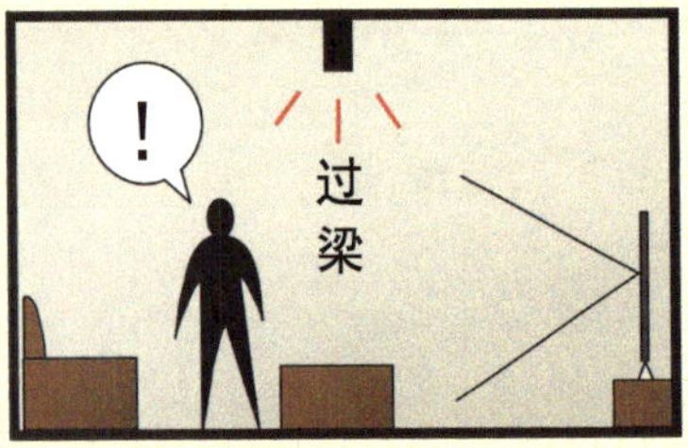

过梁影响天花美感

分户墙影响窗户效果

注意点：

两套分户之间，一般会存在过梁，会影响整合后大客厅天花的美感；

另外，两户间外立面，有时会存在分户墙及空调外机墙体，也会影响二合一后最终效果，选房时需注意。

*注：户型二合一改造涉及违建风险，以当地规划部门及物业意见为准。

总的来说，客厅代表了一家人的个性及生活态度，需结合家庭氛围来进行选择、设计及布局，并避免设计雷区，使其更具有舒适度、灵活度、包容度与多样化。

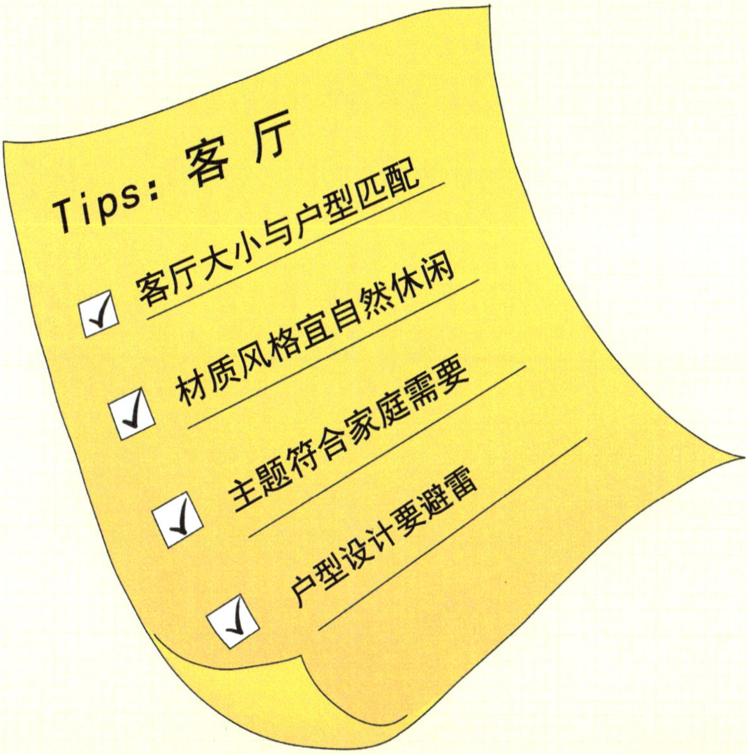

⑧厨房—要做饭也要交流

选户型的时候，需要重点关注一下厨房空间，因为这里是家中最有烟火气和生活气息的地方。

古时厨房是祭祀灶神的空间，而灶神是守护全家的神灵。现在厨房为一家之主（主事）的料理空间，也是烹饪人贡献自己的爱给家人的场所。

操作长度

在很多的刚需户型中，为了让客厅、卧室显大打动购买者，厨房空间往往被极限压缩。但对于常做饭的家庭来说，厨房过小会造成诸多不便，严重影响家庭生活质量。此外，密集摆放的瓶罐，还会造成一定的消防安全隐患。

因此，按照设计原理及经验，厨房操作长度宜≥2.4米，而3～4米则更为理想。

可开可合灵活性

西厨，也就是开放式厨房，一直以来都是很多选房者的心头好。但是，好看是好看，却不一定好用。当西厨遇到重油烟的中餐时，油烟污染就很容易蔓延全家。

因此，采用西厨设计的户型，一般适合不常做饭或清淡饮食的家庭。

中厨，也就是常规的封闭式厨房，更适应中式菜肴重油烟的烹饪需求。西厨可通过加装推拉折叠式玻璃窗/门进行灵活围蔽，如在操作柜台的台面上加装推拉玻璃窗或向上折叠的玻璃窗，再加上出入处的推拉门，这样不但可减少开放式厨房的改装成本，还能实现可开可合的使用状态，使中西厨两者的优势兼得。

交流式厨房

开放式厨房，能实现空间之间的视线渗透；而封闭式厨房则适应中餐特性，可控制油烟的扩散。

因此，厨房的核心需求就是：操作长度足、视线可交融以及便于烹饪。以前的设计大都是厨房门近大门，以便于购物后快速到厨房卸货；而现在则是趋于厨房门开向客餐厅，以更好地利于客餐厅间视线渗透，以及家人之间进行情感交流。

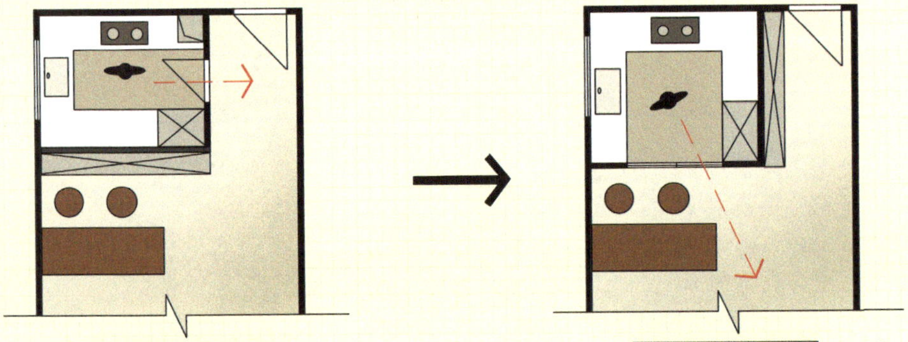

看向入口（出入方便）　　看向客厅（交流方便）

孤独厨房　　情感厨房

交流式厨房可以结合西厨操作台，来强化与客餐厅之间的情感交流感；另外，操作台还可用作举行社交聚会时候的吧台。

操作岛台延长了厨房的操作长度，也增加了厨房可同时容纳备餐的人数，使一个人的孤独厨房变成一家人的温馨厨房。

关键点：洗菜盘处理70%的厨房活动，岛台结合洗菜盘设置，可更有效地增加视线交流。

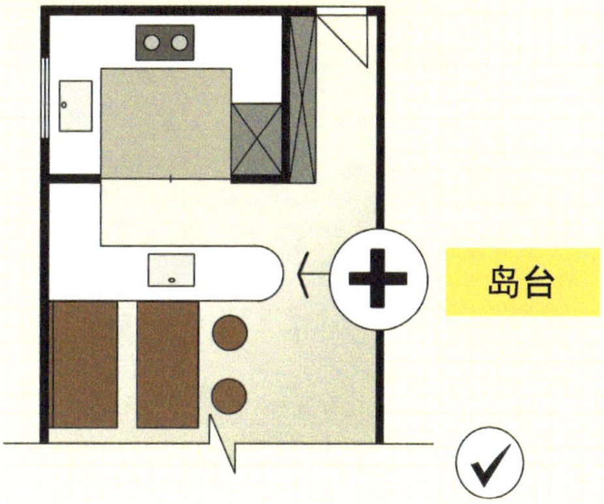

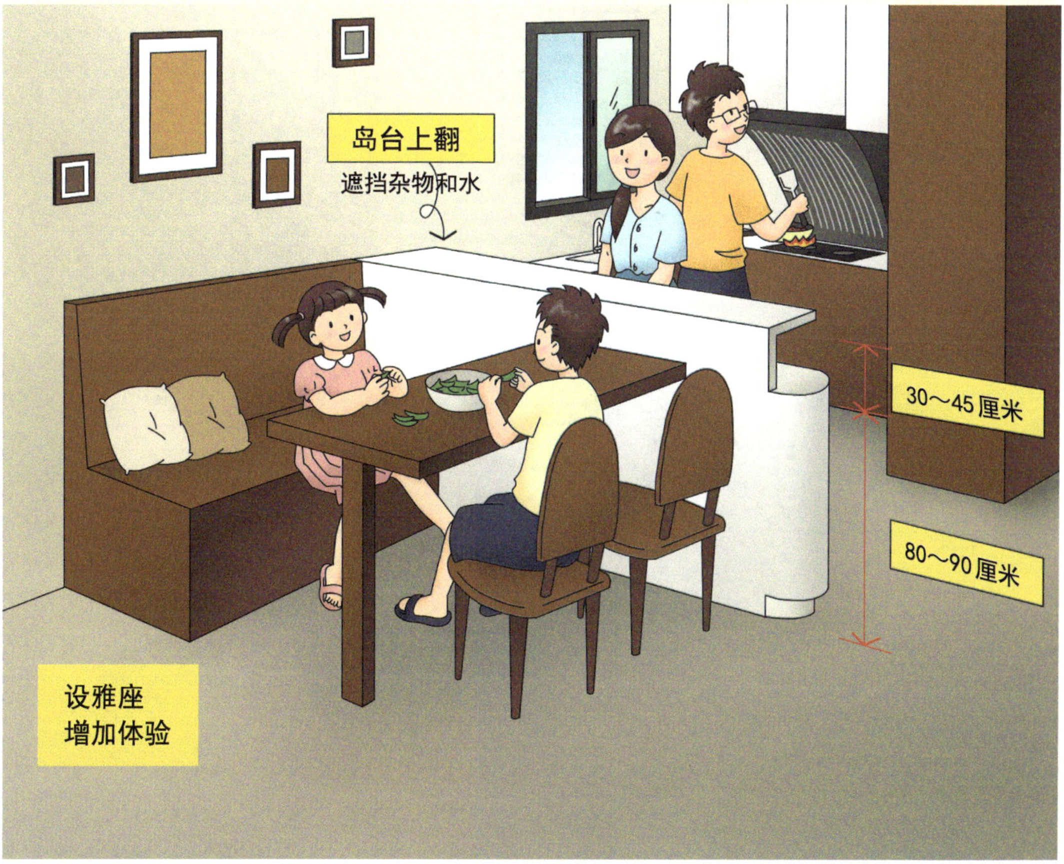

交流&出餐窗

如果是过去的厨房式布局，可通过装修时补开窗的方式，进行视线的打通。

窗户不单可用作视线交流，也可当作出餐捷径用。同时，在厨房的大人也可以方便观察到客厅家人的活动情况，视线的良性监督加强了活动安全性。

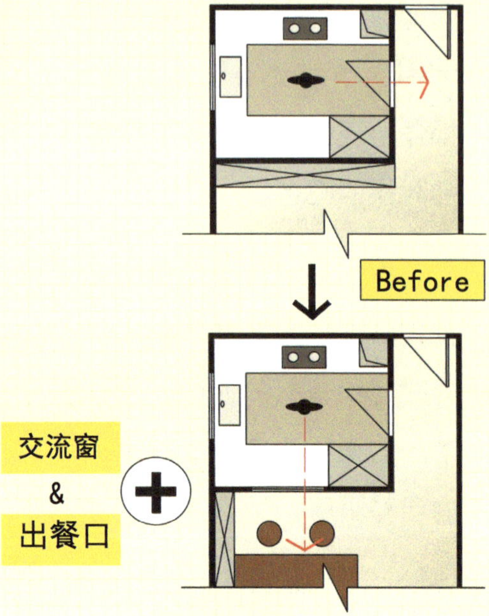

设计避雷

这里提醒一下各位，选房时需要重点排查一下厨房的设计雷区，以免踩中雷区影响家人的居住体验。

厨房为用火空间，温度较高；而厕所为用水空间，湿度较高。设计上不宜两门相对，或厨房包含厕所空间等。不然易导致厨房的热气流与厕所的冷湿不洁气流长期处于强烈对流状态，温度及湿度分布不均、剧烈变化，进而可能使居住者产生身体不适感。

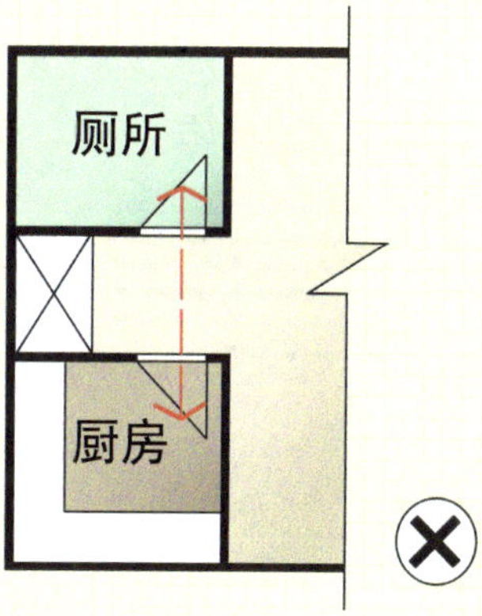

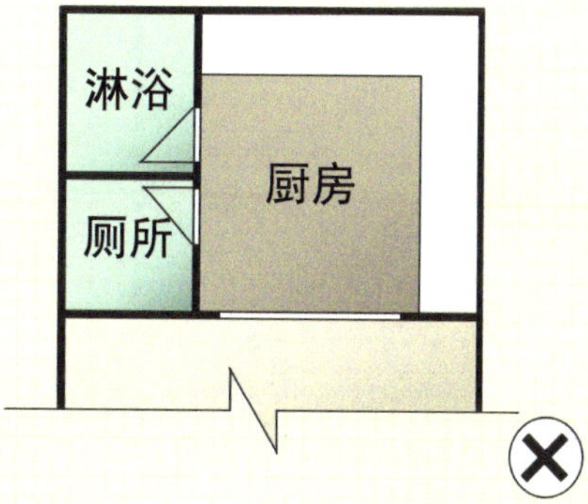

另外，厨房门也不宜正对大门，以免大门外气流直冲厨房，导致厨房内的油烟扩散至全家，从而引发空气污染。这里需要注意的是，两门相对只要有1厘米对到也算是对到，而不是错开一点点就没关系，选房时候需要重点留意。

一般传统老一辈说的门不能对灶，其实是指大门，而不是厨房门，大家大可不必担心；还有谣言指炉灶旁边不能放水盘，认为这是水火交战——但是其实厨房内均为用火的高温环境，故没有此问题，大家大可放心。

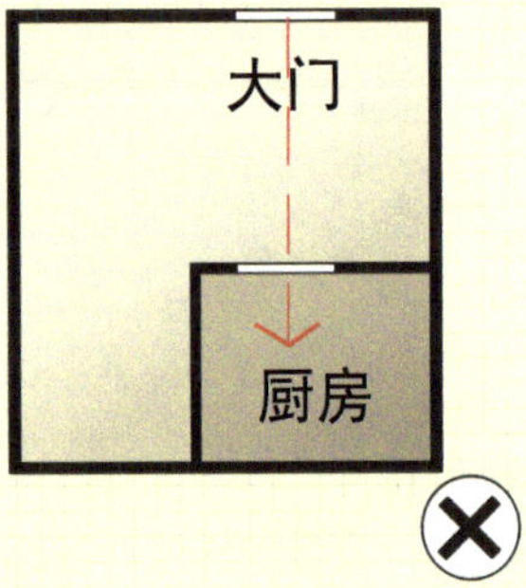

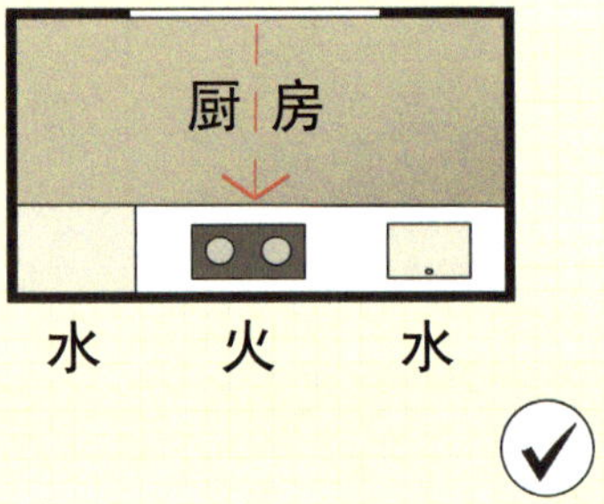

厨房是生火煮食的空间，甚为燥热高温且油烟大。

故厨房门不宜与卧室门相对，不然会使厨房高温、油烟气息与房间内空气产生对流，进而污染卧室内空气，可能导致被正对的卧室内使用者健康受损。

另外，由于炉灶温度变化大，且厨房操作噪声大，因此厨房炉灶一侧的墙体不宜贴临卧室的床头，不然易导致床头位置的温度突变且居住者易受噪声干扰，可能引发室内人头痛或其他不适。

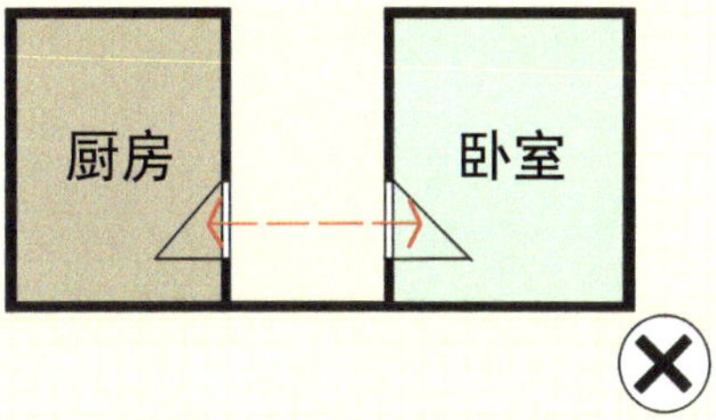

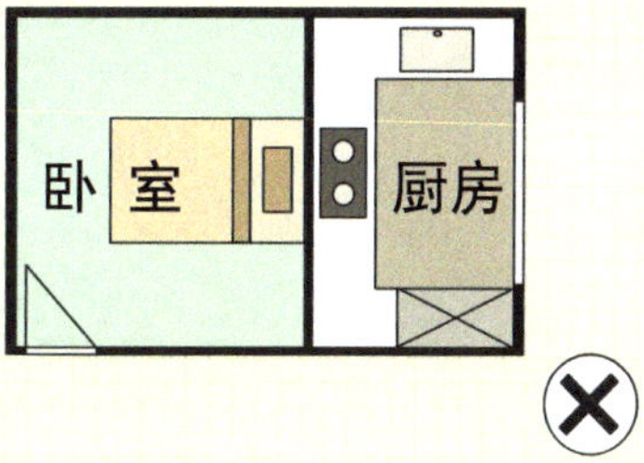

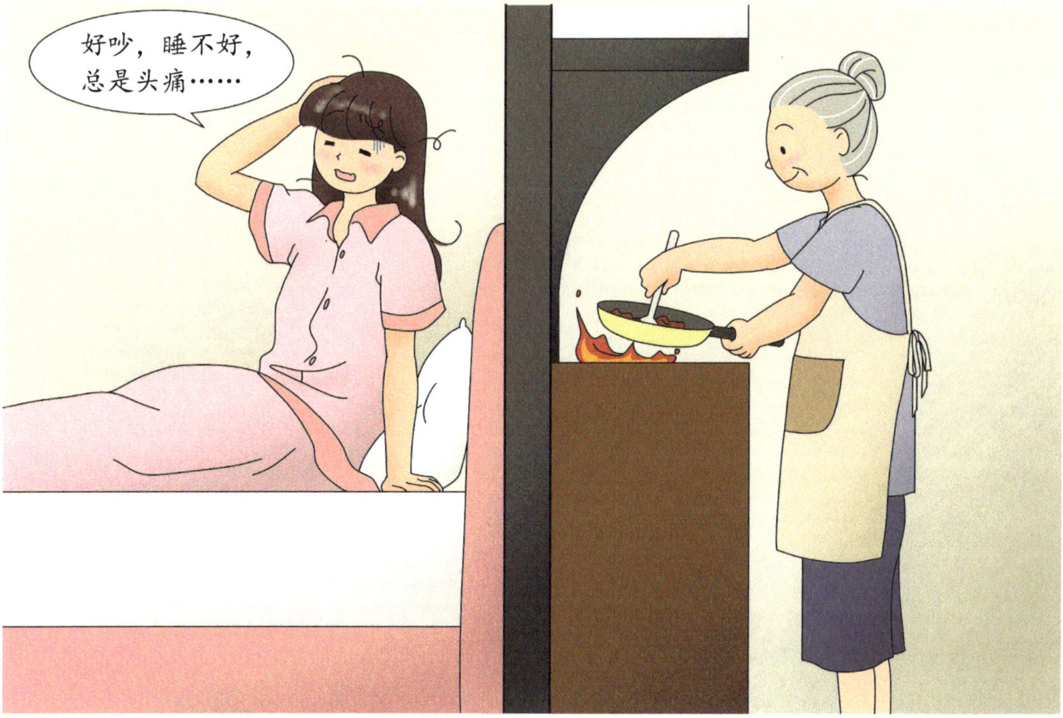

总的来说，要挑个称心如意的厨房，需结合自家的烹饪习惯，选择好开放/封闭式厨房；另外，最好能有视线交流以及中西厨结合的可能性；最后，需注意避开厨房设计雷区。

⑨ 卫生间——小空间大玄妙

卫生间，是家中重要的后勤空间，承担了居住者日常洗涮、沐浴、洗涤衣物、如厕等的卫生清洁活动……虽然卫生间在家中最不起眼，面积也不大，且往往是户型的边角位及采光不良的空间，但是却蕴藏了大大的设计学问。

接下来，我们来看看怎么选好卫生间，以便满足日后切实的居家生活需求，而又不踩中设计雷区。

分离/一体式

卫生间一般包括盥洗、如厕、沐浴、盆浴或洗刷大件物品等的功能。因应干湿区划分方式的不同，一般可分为分离式卫生间和一体式卫生间两种类型。

公共卫生间一般设计为分离式，这样可以同时满足两个人使用，如一人刷牙、一人如厕，使用效率更高；而主卧内卫生间则一般为一体式，更节省面积、更整体，也更私密。

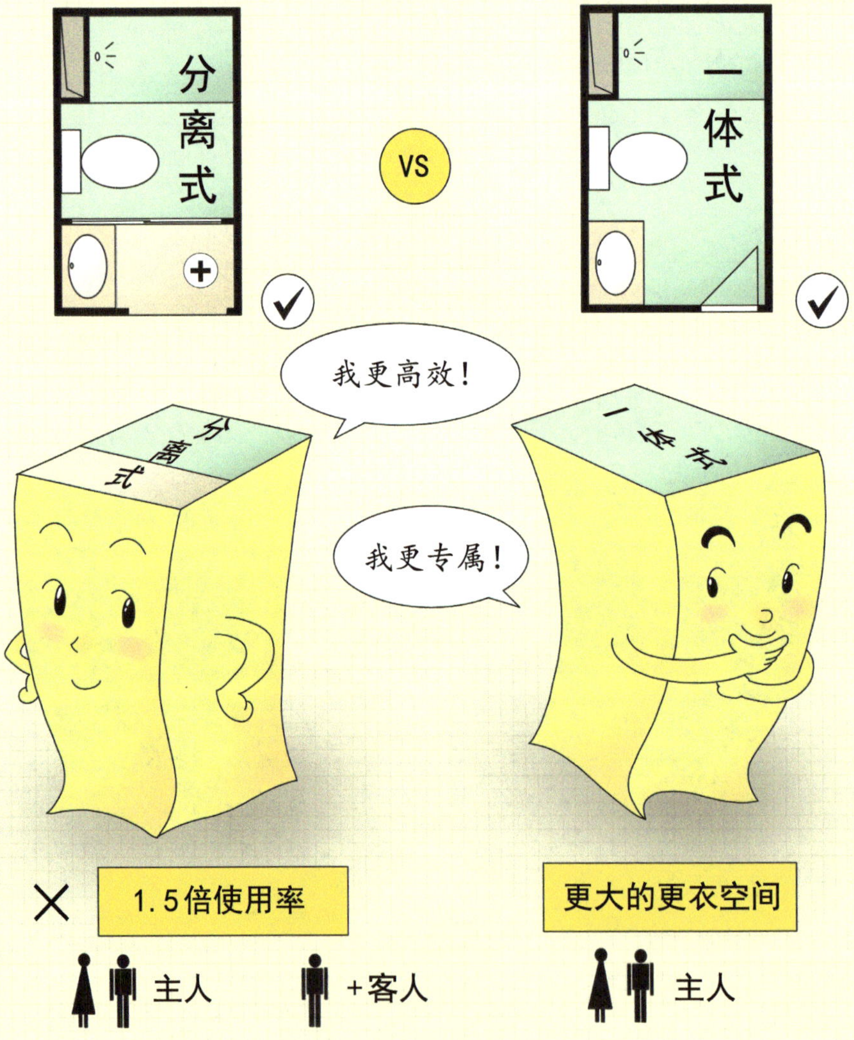

四件套

卫生间内空间宽裕的情况下，还可以增设浴缸、按摩池等，以更好地丰富生活体验。这样在家休闲时，就可以实现泡澡、水疗、儿童戏水、泡药浴或清洗大件物品等的活动了。

浴缸一般可设置在淋浴间里面（下左图），或作三分离式的设计，也就是淋浴区、如厕区以及盥洗区均相互独立（下右图）。

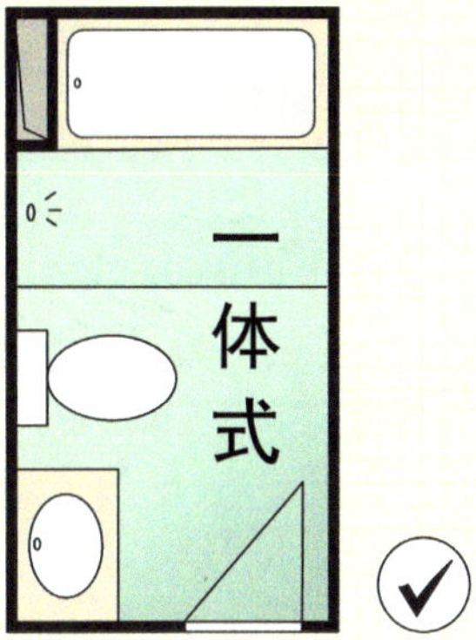

卫生性—采光通风

卫生间由于是用水空间，一般容易潮湿滋生细菌，所以在设计上需要有良好的采光通风，不宜没有窗或窗开向户内。

另外，卫生间不单需有窗，还需有一定日照时数的窗。阳光消杀加上空气汰换，才能更好地保证卫生间里真的卫生。选房时暗厕是需要重点避免的。

多元化飘窗

户型一般为了多赠送面积，会尽量多设置飘窗，有时甚至连卫生间也设置。但卫生间飘窗常被认为是多余的，最终往往沦为放置杂物、瓶瓶罐罐的角落，最终影响空间的整洁性。

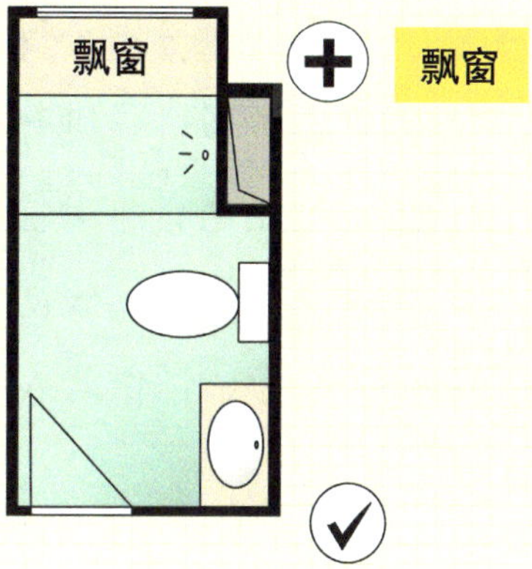

其实，卫生间飘窗大有用处，如：大人给小孩或宠物洗澡时，可把其放置在飘窗上，这样就可以不用弯腰，直立就能操作，再也不怕累到腰痛了。

*注：飘窗面光滑，需注意防滑，可加设防滑垫。

对于家中有老人的家庭来说，卫生间飘窗更是一项适老化设计。

老人洗澡的时间较久，站得久了易脚软乏力，一般需要有个凳子进行辅助。而卫生间飘窗的设计，则可让老人直接坐在飘窗上进行坐浴，十分便捷。这里为了安全，需注意飘窗要增设防滑垫以及墙身上加设助力扶手，以供老人起立时借力。

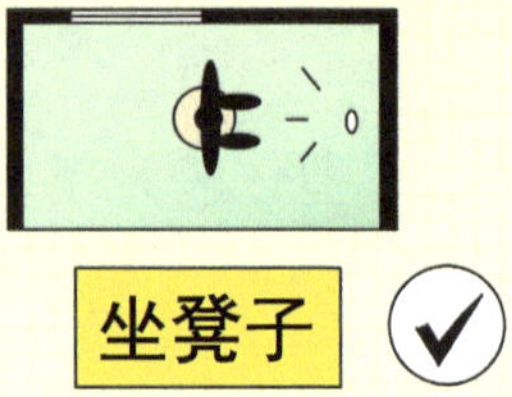

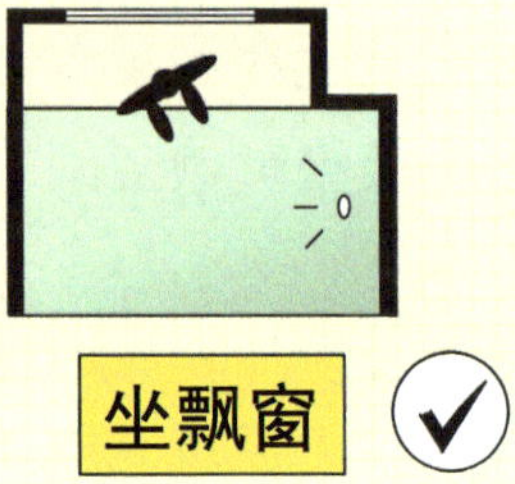

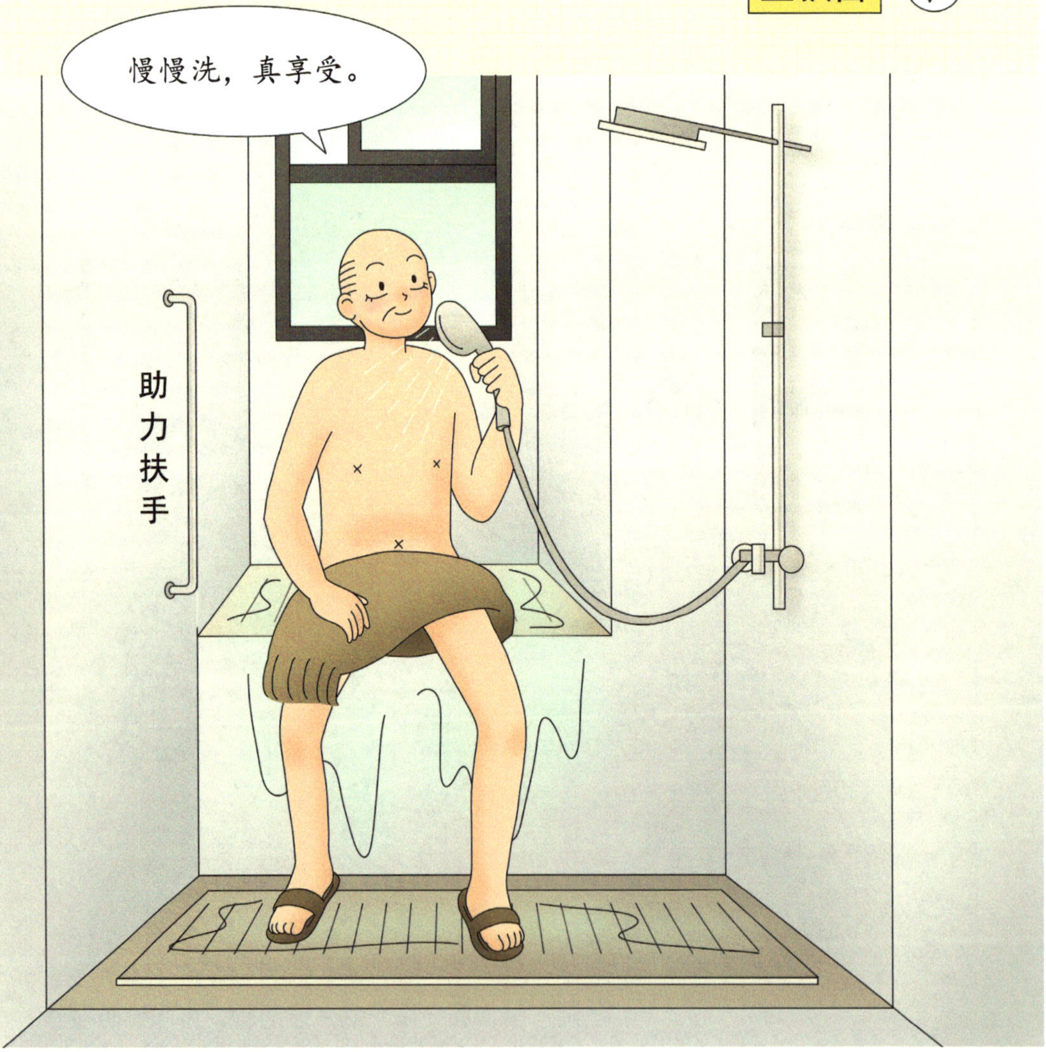

设计避雷

设计上，卫生间注意事项跟厨房的原理相似。首先，卫生间不宜正对大门，不然大门外部气流直冲卫生间，会使潮湿、有异味、积存污秽的气流扩散全家，易导致家人身体不适。

另外，卫生间也不宜设置在户型平面的中央位置。若设在中部，往往会导致卫生间没有对外的窗户，难以保证采光通风的条件，使潮湿不洁的气息难以消散，可能使人生病。

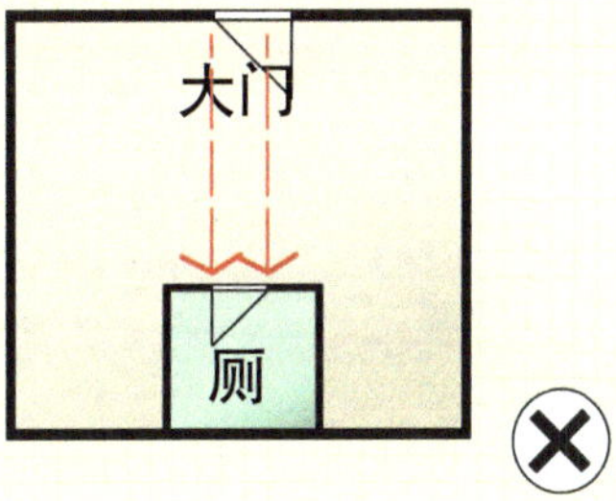

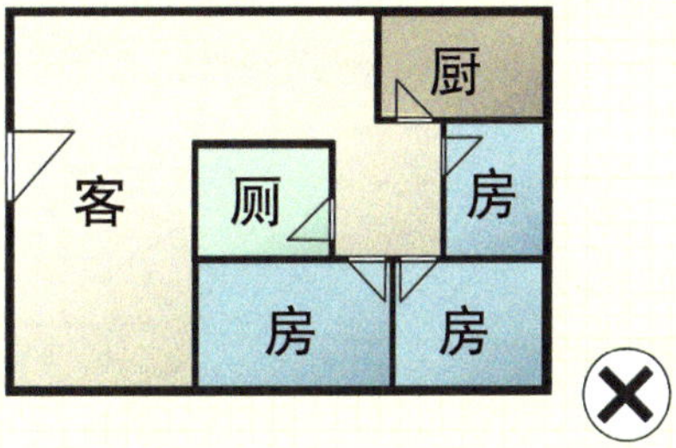

下不为卧/厨

有些家庭为了买到舒适大房子，同时避开购买时的非普税费，往往会选择买两套合成一套。但又由于不需要这么多房间，有时会把多余的卧室改为卫生间。但这样一来，等于把下方卧室放在了自家的厕所之下，除去违建因素，还给下方邻居带来了噪声以及漏水的风险。因此，厕所忌放在卧室或厨房上方。别墅由于每层面积有限，也易出现此问题，选房时需重点留意。

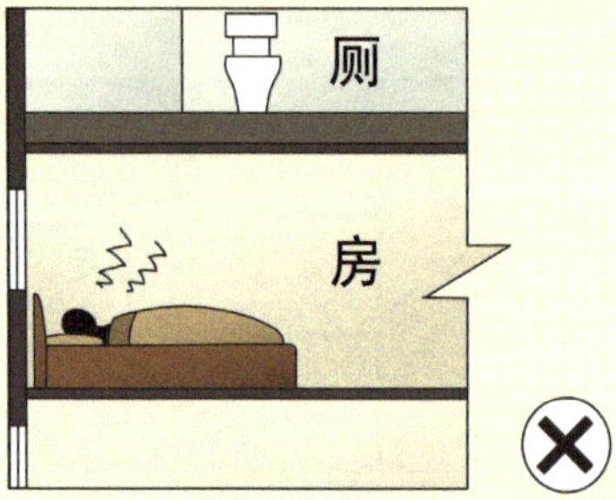

*注：更改平面使用功能涉及违建风险，以当地规划部门及物业意见为准。

不对床，不贴头

此外，跟厕所门不宜对大门的原理一样，厕所门也不宜与卧房内的床相对，否则睡觉时卫生间的湿气会隐性弥漫到床上，进而可能影响居住者的身体健康。

另外需注意，卫生间墙体也不宜贴临卧室床头，不然夜间易受上下楼及自家如厕的噪声干扰，影响睡眠质量。有些主卫设置在主卧的床头位置，也是易形成空气与噪声污染，需避免。

总的来说，卫生间虽小，但蕴藏了众多设计玄妙，选房时候需结合自身需求进行选择，并重点避开设计雷区，以便日后用得舒心，住得健康。

⑩ 主卧——别有洞天小家化

辛苦拼搏了这么久，好不容易拥有专属于自己的、放松身心的家，而其中占据了日常生活时间约三分之一的主卧，肯定要满足所有的期待，不能亏待自己。

接下来，亦心来给各位一一分析，教大家怎么样才能选到自己的理想主卧。

面宽进深

首先，主卧房间的面积大小，需要满足最低限度的基本使用功能需求，其中包括：休息、收纳、衣柜、更衣、休闲等。

一般主卧尺寸的面宽在3.0米～3.9米、进深在4.2米～4.8米较为理想，小于此尺寸则容易显得局促，空间体验压抑不便。

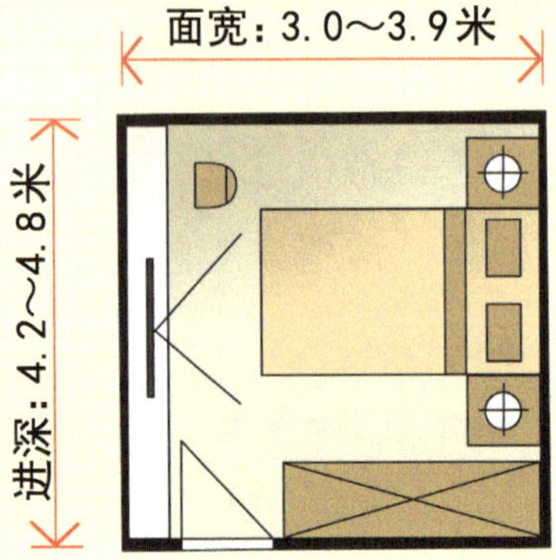

主卧适宜尺寸

功能多元化

在户型面积紧凑的情况下，没有额外的房间来用作个人爱好空间，这时主卧除具有休息功能外，还要能兼顾工作、休闲、娱乐的多元化需求，也就是主卧小家化。特别是在生病卧床期间，主要活动都需在主卧实现，小家化设计将更有利于房间内24小时的活动起居正常开展，如：电竞、缝纫、手作、追剧等。

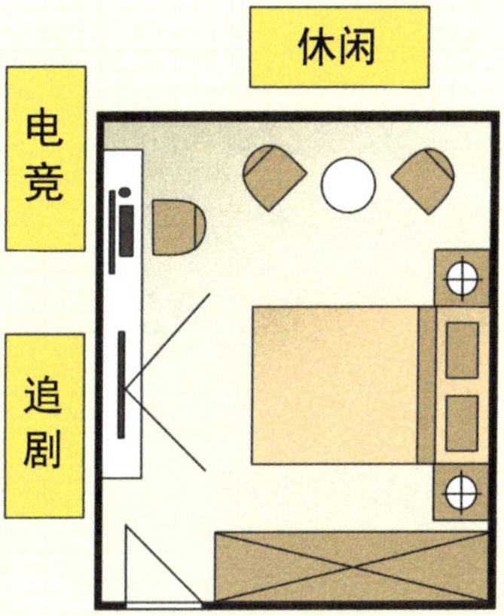

在主卧空间有限的情况下，女主人还可考虑把梳妆台兼作临时的办公书桌来使用。

只要设计时使两者的功能尺寸相互兼容，也就是尺寸按照大的来预留，就可以实现。这样不单可以节省主卧家具占用的空间，还能提高梳妆台的使用效率。

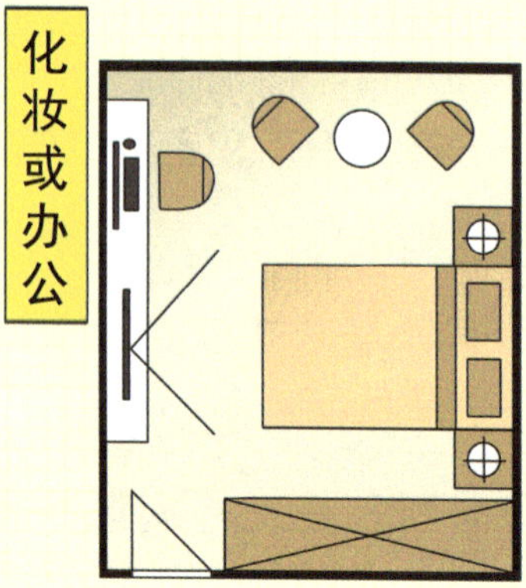

此外，夫妻在孩子还小时，一般需要与婴儿睡在一起，以便于及时关怀及夜间照料。因此，主卧房间尺寸除满足常规1.5米双人床，以及床两侧各60厘米的上下床空间外，还需兼顾放置婴儿床的可能性，以满足儿童分床前家庭生活的灵活性。

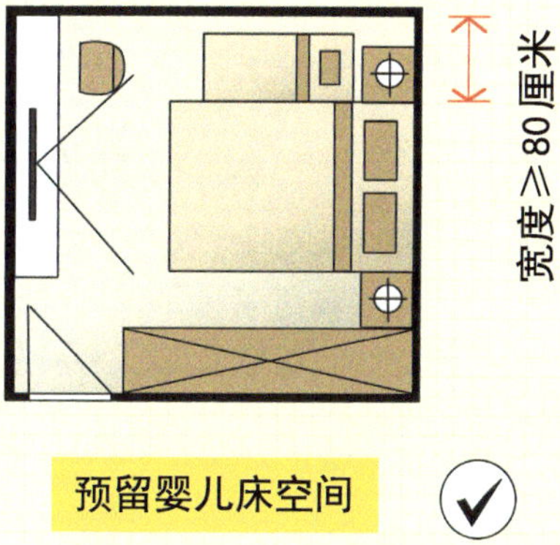

注：心理学上建议儿童与父母最佳分床年龄为2—6岁。

调研中发现，大多数房间都没有考虑换洗衣物的固定空间：常用的睡衣、日常洗净的衣物，再加之偶尔保暖的外套……随处放置容易使房间显得杂乱。

因此，需预留挂物架及衣物放置篮的空间，使其可兼顾衣物临时的摆放以及偶尔的衣物熨烫使用。

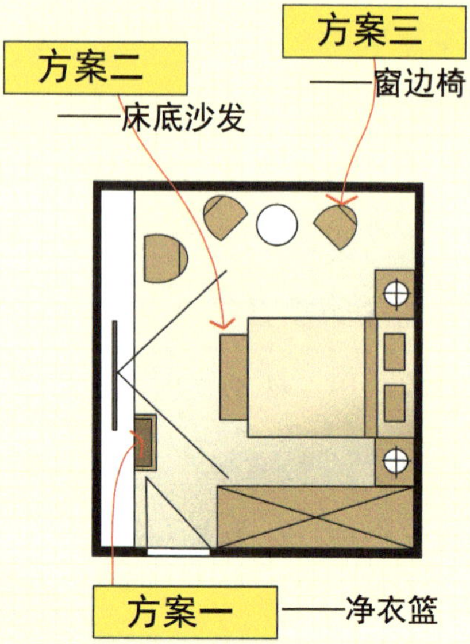

飘窗扩容

当然，除了主卧功能尺寸需满足外，还可以通过设置飘窗来增加主卧空间体验感。如南向全面宽飘窗、L型转角飘窗、南北双飘窗等，在增大空间视线效果的同时，也优化了房间内通风采光效果，使主卧居住体验更佳。

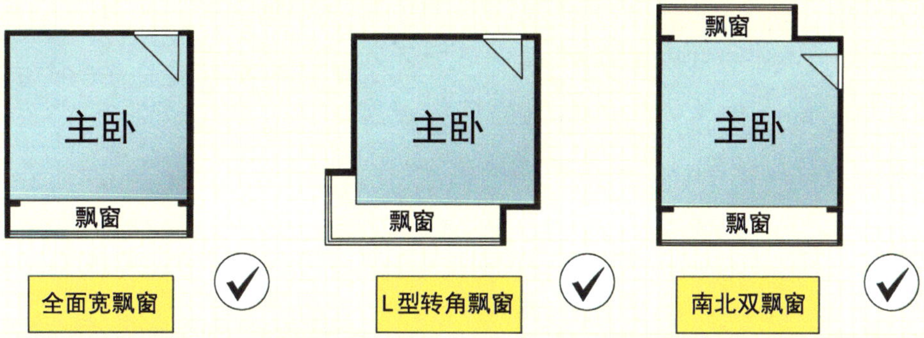

由于设计上一般飘窗进深为60厘米，而常规衣柜也是深60厘米。因此，在飘窗面积有富余的情况下，可在飘窗上增设衣柜来增加主卧的收纳量。

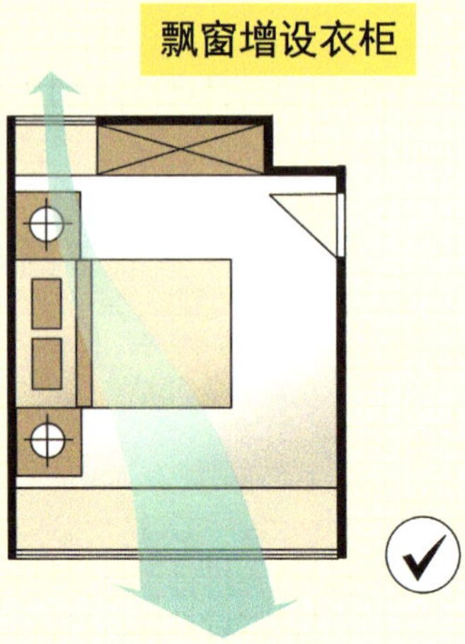

这样，不单可节省衣柜占用的主卧本身的套内使用面积，还可有更多的空间留给主卧其他功能使用。此办法在刚需90平方米以下户型的主卧设计时尤为见效。除衣柜外，用飘窗侧面墙体设置书柜、挂物架等，也是很不错的选择。

设计避雷

户型设计上，跟之前的篇章同理，大门不宜正对房间门，不然房间会被大门外部的气流直接对冲，难以保持房间内风环境的平缓稳定，可能使居住者产生身体不适感及心理的不安全感。

因此，可以选择不正对的户型，或在大门与房门之间放置屏风或较高多叶的植物来缓冲气流，使两两之间不直接相对。

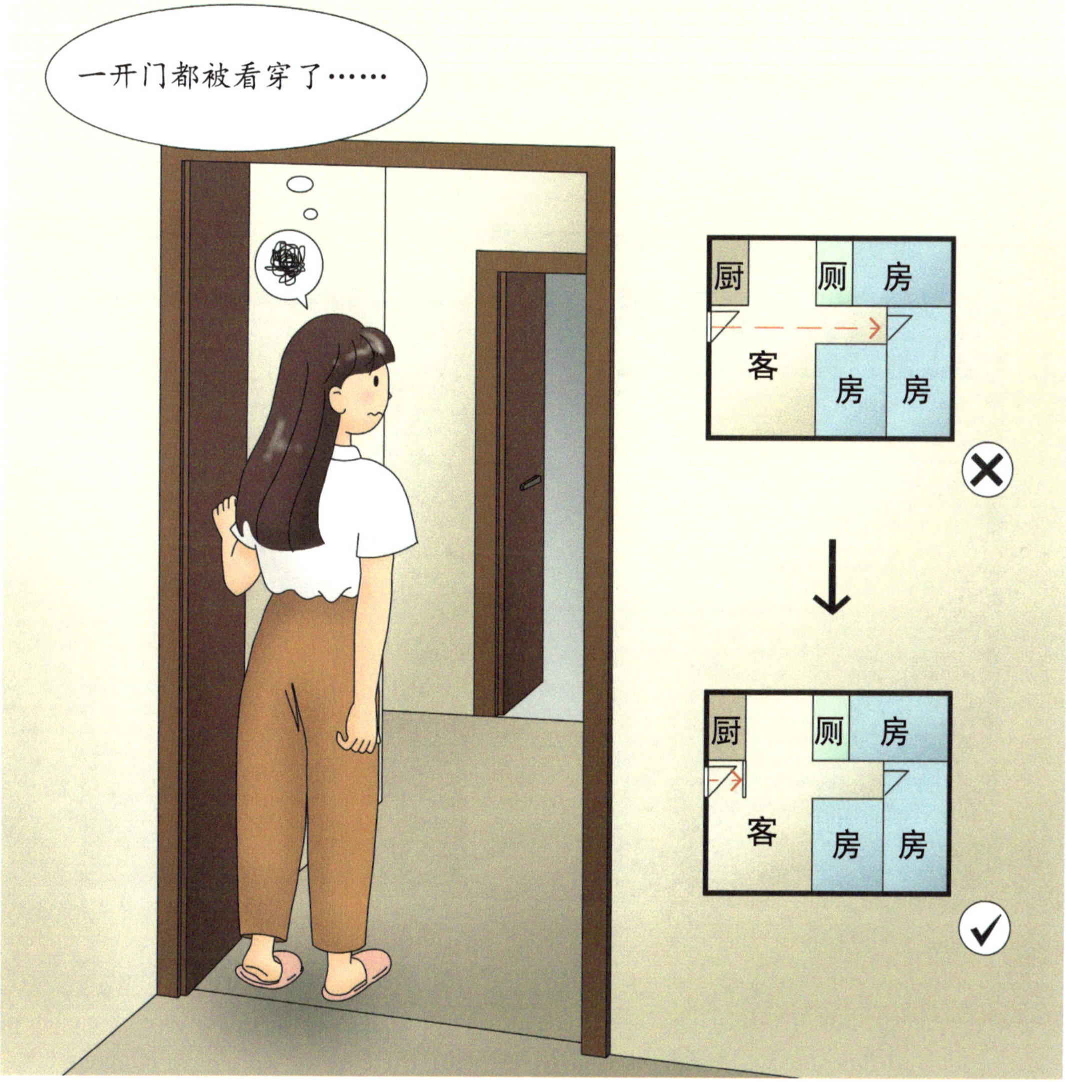

另外，“横梁压顶”，也是大家比较熟悉需要避免的设计雷区。如遇此情况，横梁会改变气流流动的路径，使其直接转向冲击下方，导致空间内气流回转不均。

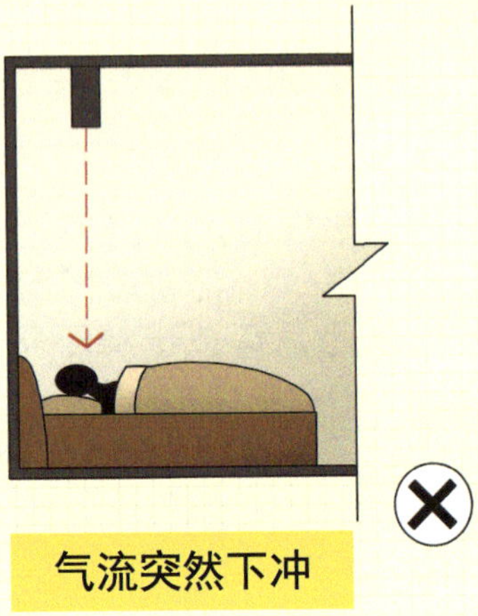

长此以往，居住者可能出现心理不安感及身体不适感。如实在遇此问题无法避免，可通过天花做平包裹，或调整床头增设柜体来处理，使空间归整变回“方正”，室内气流运转顺畅自然。

镜子，在家居装修设计时，可以增大空间实际感受，达到显大的效果。

但在使用时，需要避免一些镜子的设计雷区，如：镜子不宜对门，镜子不宜对床头等。不然会导致意外照到镜子的情况发生（如半夜惊吓），可能导致居住者情绪不稳、睡眠不宁、心悸失眠的情况发生。因此，装修摆放镜子时需重点规避。

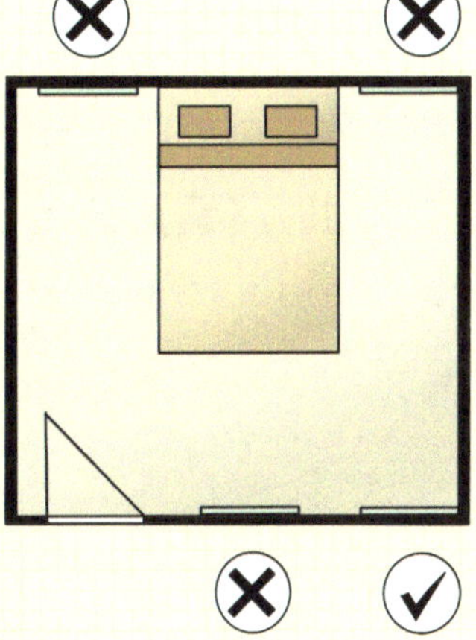

总的来说，选主卧需要结合功能需要，选择适合自己的空间大小尺寸。另外，要留有多元化使用的空间可能性，在保证面积不变的同时尽量充分利用飘窗等赠送空间，并注意规避主卧的设计雷区。

⑩ 衣帽间——既要有也要优

衣帽间，是很多楼盘售楼部在样板房进行展示时重点打造的空间。往往只要一有，就很容易打动客户，让他们心动买单。

但衣帽间不单要有，还要优，接下来，我们来看看怎么才能选到好的衣帽间。

设计避雷

一直以来，户型设计中都很流行步入式衣帽间，也就是在主卧里，先通过衣帽间，再进主卫。这样，不单强化了主卫与主卧之间的分隔感，也显得进衣帽间的动线，仪式感满满。

但是，其实这样会导致上篇提到的厕所门对主卧床的问题，进而使厕所的潮湿不洁气流长期直冲床上，可能会对居住者的身体健康产生不良影响。

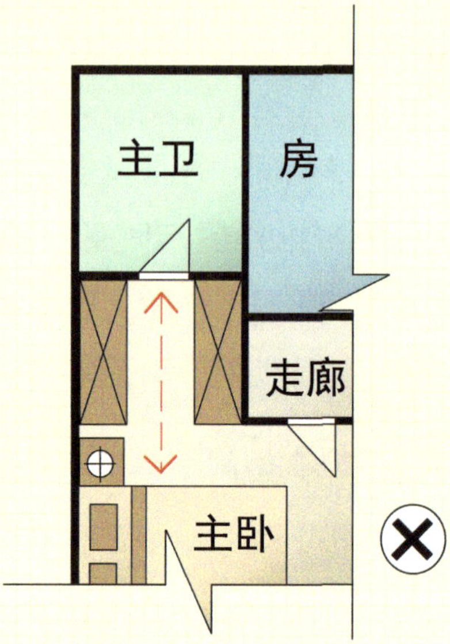

如空间有富余，建议利用衣帽间的布局，来调整厕所门直对床的问题。如可以利用衣柜柜体、屏风或较高多叶的植物来进行缓和遮挡，使气流不至于直冲主人床。同时还可以阻挡住半夜如厕的光污染以及噪声影响，一举多得。

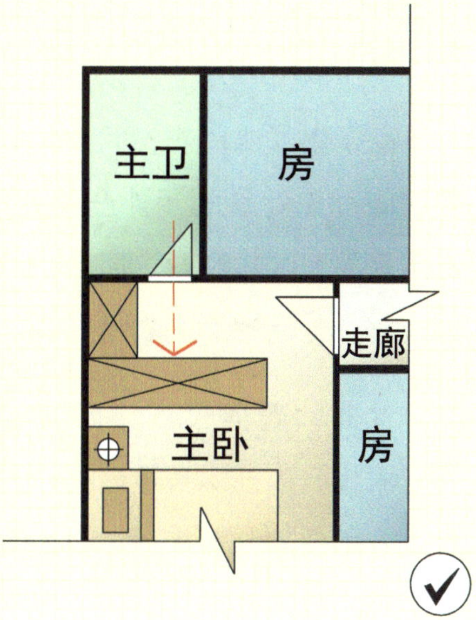

虽然调整后视线看上去会有一定的遮挡，导致空间看上去没有原本那么大，但是没有什么比住得舒心、住得健康更重要的了。

无柜门衣帽间

除了串联式的衣帽间，也有一些衣帽间设计是利用外凸的空间，或用另外一间次卧改造而成，从而形成一个封闭独立的衣帽空间。

这时，可通过衣帽间整体设门，衣帽间内部本身不设柜门，来提高衣柜使用的便捷性，也进而节省了柜门的安装成本。

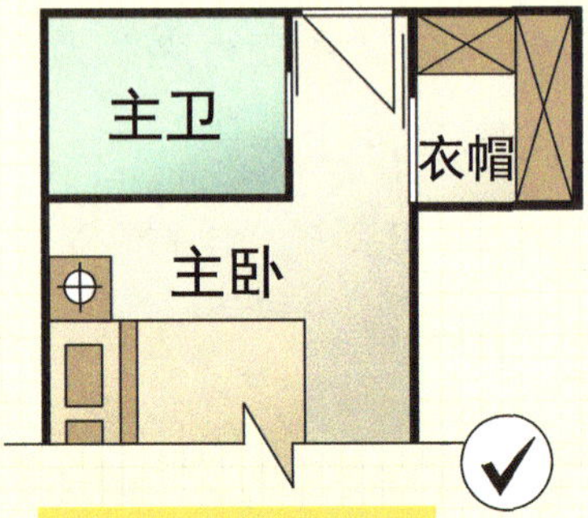

凸出空间衣帽

阳光衣帽间

衣帽间如能结合自然采光形成阳光衣帽间的话则更优，可使人享受到自然的通风采光。

自然光线下的梳妆打扮，色彩不会偏色，可以使色彩搭配更自然，也更好地让人开启愉悦心情的新的一天。

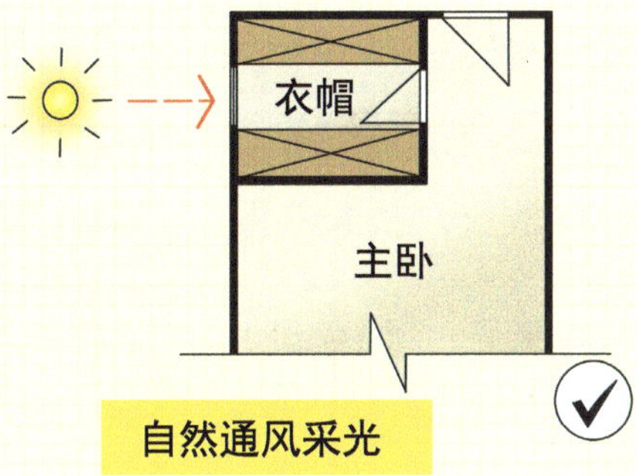

*注：自然采光需注意避免采光过曝或形成眩光，否则也会造成光污染。

男女分区

由于主卧内一般都需放置双人份的衣服，而女性衣服往往数量众多，最后易导致男性衣服被迫填缝式地放置，找起衣服来十分不便。

因此，如主卧房间面积充足，衣帽间最好进行男女分区的设置，使更衣置物的空间互不干扰，相互有尊严地拥有各自的专属空间。

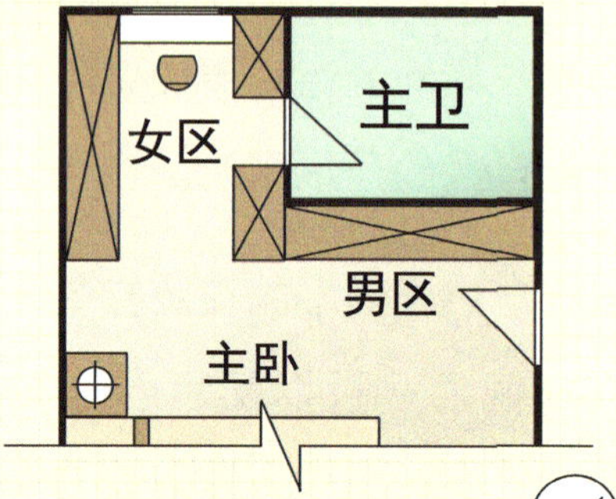

衣柜男女分区

收纳量要足

当户型面积空间实在有限时，可以通过在房间内部，沿墙面通设满衣柜来扩容。或者使用具有储物功能的弹簧提升床（床下可储纳），使自家的收纳容量增多。需要注意的是，加装完衣柜后的走道，最少需保证净宽≥60厘米，以免影响柜门的打开和实际的居家生活使用。

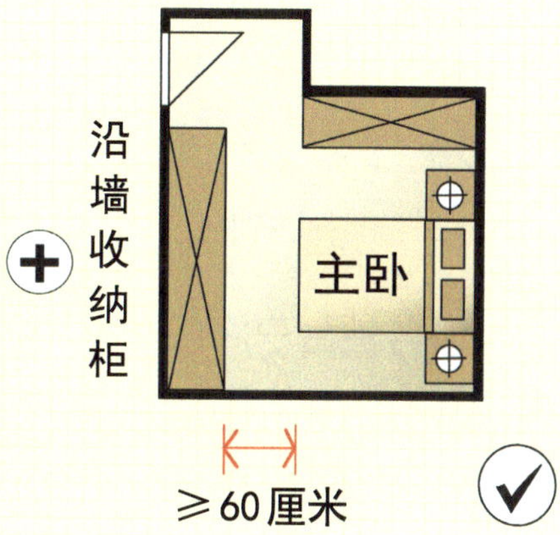

按照普通成年女性的衣服量来计算，12套夏装+12套冬装+12套春秋装，推算出女性至少需要1.2米长的到顶衣柜。

而男性由于衣服种类少一些，至少需要的衣柜长度为0.8米。因此，一般主卧衣柜长度建议至少≥2米，而衣柜长度在3~3.6米最佳。

注：此以3米层高住宅为例。

总的来说，看衣帽间除了看储纳量外，还需要注意其与其他空间之间的使用关系，不一定有衣帽间就万事优，还需都满足条件，才是好的衣帽间。

⑩ 儿童房—合住还是分开

人奋斗一生，辛苦一辈子，都希望把世间上最美好的东西给到自己的下一代。因此，给自己的小孩选一间好的儿童房尤为重要，也更有益于儿童的身心健康成长。

尺寸要满足

作为伴随子女2—20岁成长的空间，儿童房需同时满足学习、收纳、玩耍以及休息等功能。在重视教育的家庭里，还需考虑家长在旁辅导的位置空间。因此，儿童房若只能放下床，是远远不够的。儿童房需要满足各模块最小尺寸，下面给出的3种房间的尺寸大小，任君选择。

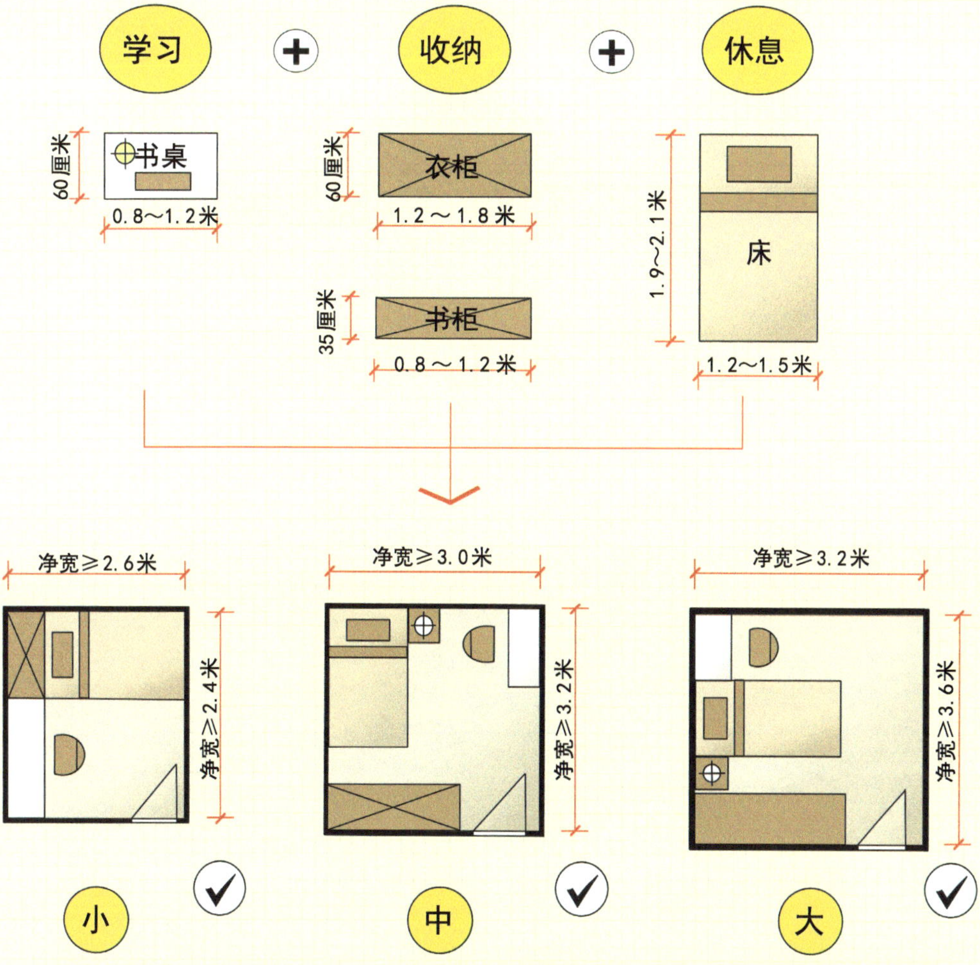

*注：销售的户型平面一般标注宽度为轴线尺寸，选房时注意减掉墙厚换算。

另外，除了满足相应尺寸外，儿童房间的面积不宜过大。由于人体自身体表存在温度气场，形成类似保护作用的盔甲。如房间面积过大，则易使温度气场被气流吹散，失去保护层的作用，而且也会致使房间内温度难以保持恒定，可能易使儿童失温而感冒生病。

故古代皇帝一人居住的卧室一般也不超10平方米，并让床紧靠墙壁，以做到减少对冲气流，使室内恒温保暖。也只有这样，才能利用墙体本身比热容高的特性，在寒冷的夜间还能得到墙体发散出来的温度，让房间得以保持舒适恒温。

房间均好性

在放开生育政策后，不少家庭的孩子数量不再局限于1个，而是可能为2~3个。结合国际自然生育递进率的2.1，也就是正常状态下每个家庭生育的小孩个数平均为2.1，两孩家庭可能将成为社会主流。

再者，很多家庭需要进行换房，大都是因为家庭人口数量变化，或是需要为了小孩读书更换为学区房。因此，怎么规划好孩子们的房间需求、房间分配，成了很多父母的难题。

很多户型为了让次卧显大，往往会将其中一间南向（或好朝向）的次卧做大，而另一间偏小。而且会美其名曰较大一点的次卧为老人房，以迎合中国孝顺文化，又满足三代同堂的遐想。

但这样往往对于需要两间次卧都给儿童用的家庭很不友好。无论怎么分配都可能存在偏心的嫌疑，易引发家庭不和。

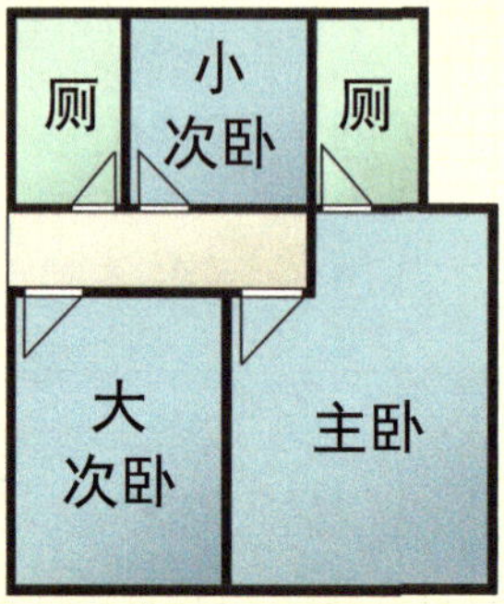

两次卧差异过大

因此，如准备未来会拥有2～3孩子的家庭，儿童房的大小最好要考虑相互间的均好性。而要满足房间的均好性，尺寸之间的差异建议不要大于30厘米。

若存在极限偏小的房间，一般建议进行扩大改造，如把衣柜外移等，或把过小房间改用作书房、电竞房或其他爱好空间。尽量不要让其中一个小孩受“特殊”对待。

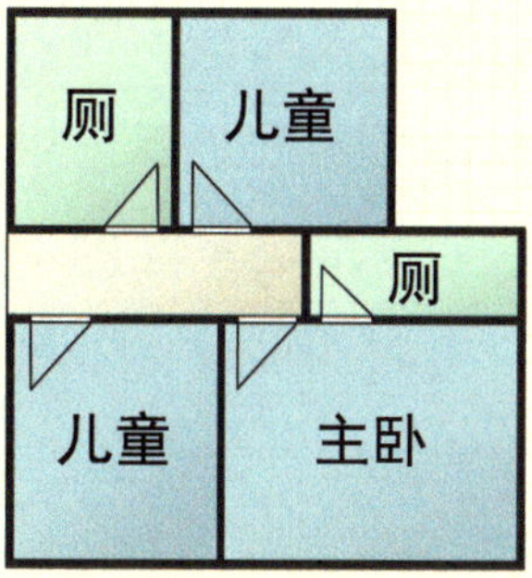

两次卧大小相当 ✔

就近照顾

除此之外，由于小孩一般在2—6岁需慢慢过渡到分床睡，因此儿童房不宜离父母房太远，以免增加儿童的分离焦虑。如远离卧室区的次卧房间，一般不建议设置为儿童房，建议用作长辈房、书房或其他爱好空间。

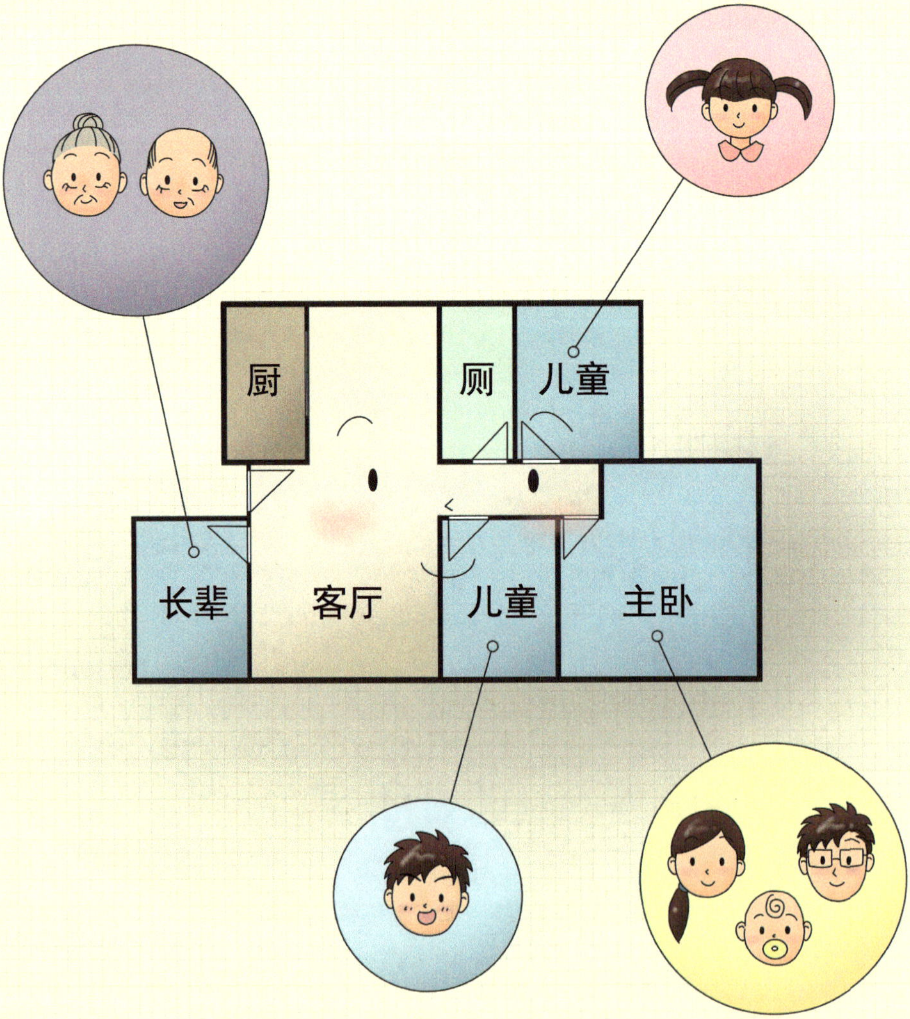

这样，就算小孩子半夜偶尔做噩梦大哭，或者遇到雷暴雨夜晚惊醒，父母也能方便就近查看及进行照顾了。

此外，当小孩入睡前焦虑不安的时候，父母也可以方便地隔着走廊与孩子进行聊天互动，或采用其他的情感安抚。这样，才能更好地提供给成长过程中的孩子以更多的温暖心灵滋养，让家庭间亲人的情感纽带拥有实实在在的物理空间的支持。

自主参与性

在子女分房睡的过渡期，会存在藕断丝连、欲断还乱的情况。孩子哭一哭，闹一闹，父母就心软，分房计划于是迟迟难以进行。

但错过了2—6岁的黄金分房年龄，将可能导致孩子未来人格塑造缺陷、逆商受损。因此，可通过与子女共同装饰改造，使房间变为孩子心中的梦中情宅，来提高其自主参与性及成长内驱力，最终顺利实现过渡。

可分可合二孩房

儿童房可通过二合一，来做出扩大房间功能属性的二孩房。如：2—6岁的学前阶段，可把房间中部空间用作玩耍区，在家就有游乐场。

这样不单可更好地把玩乐区并进儿童空间，不影响客厅的整洁性；同时，还可激发孩子分房睡的积极性，以及减少因长大而减少的脑细胞神经元链接，保护和激发大脑的创造性。

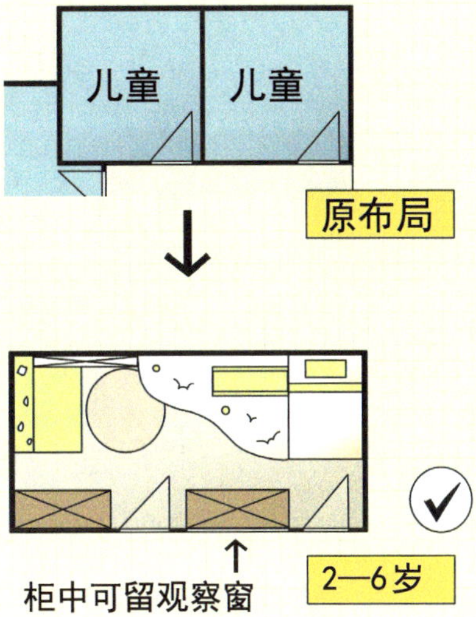

6—12岁的学龄阶段儿童，较适合平行式的二孩房。

所谓平行式二孩房，就是可以通过打通合成一个大房间，也可通过隐藏在衣柜的移动墙体来进行拆分，分作两个大小相当的房间。

这样不但可增强孩子们之间的社交协作性，提高未来与他人的合作共赢的能力，也保留了相互之间人格独立成长的心理安全边界。

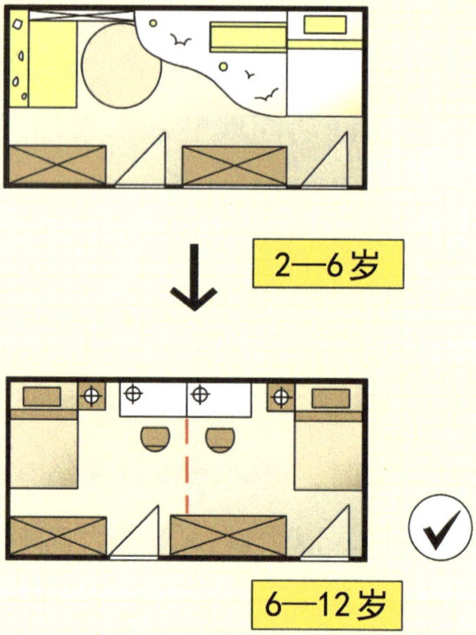

到了12—20岁的初中至大学的往后阶段，也就是个体讲究个性发展的时候，则需要再进一步的分隔，来强化边界的稳定安全性。

如儿童双方为同性，且关系较好，也可继续通过之前的活动隔墙方式来实现隔断。

如双方为异性，则需要采用砌筑式分隔墙、固定式衣柜等永久隔断的方式，来实现双方房间各自的完整性以及独立性。

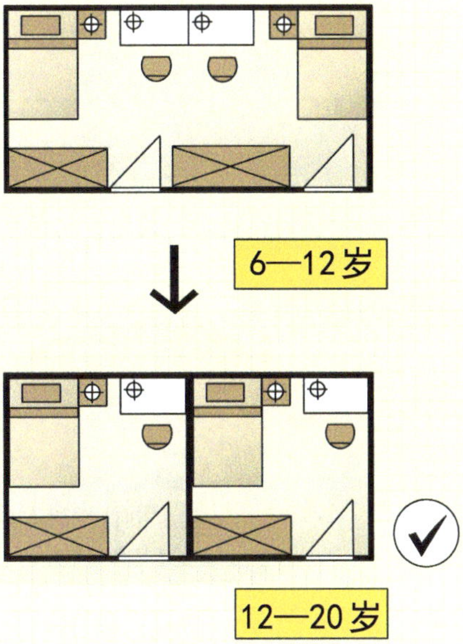

总的来说，儿童房除了需满足基本的功能尺寸外，还需注意孩子们各自房间的均好性，并尽量靠近父母房，以及在有条件的情况下让房间之间可分可合，以丰富童年的成长体验。

⑩ 老人房——有暖阳宜做老人房

中国儒家思想文化源远流长，讲究尊老爱幼，追求几代同堂。再者，很多家庭在孩子还小的时候，为了更好兼顾家庭跟工作，往往需要跟老人合住，让老人帮忙搭把手。

因此，怎么给老人挑选合适的房间，以犒劳老人的付出，给老人更适合身心健康的房间，显得十分重要。

尺寸要满足

首先，需对老人房里的功能尺寸进行梳理：一般老人由于上了年纪，大脑慢慢退化，习惯性地会囤积物品，不舍得丢弃。因此，充足的收纳量对于保持老人房间内的整洁性十分重要，不然久而久之就容易堆积凌乱、藏污纳垢。

此外，由于老人的睡眠质量较差，稍有一点声响就会惊醒，难以入睡，因此老人之间一般最好分床睡。总的来说，需要结合家里老人的数量及需求，来选择适合的老人房尺寸。

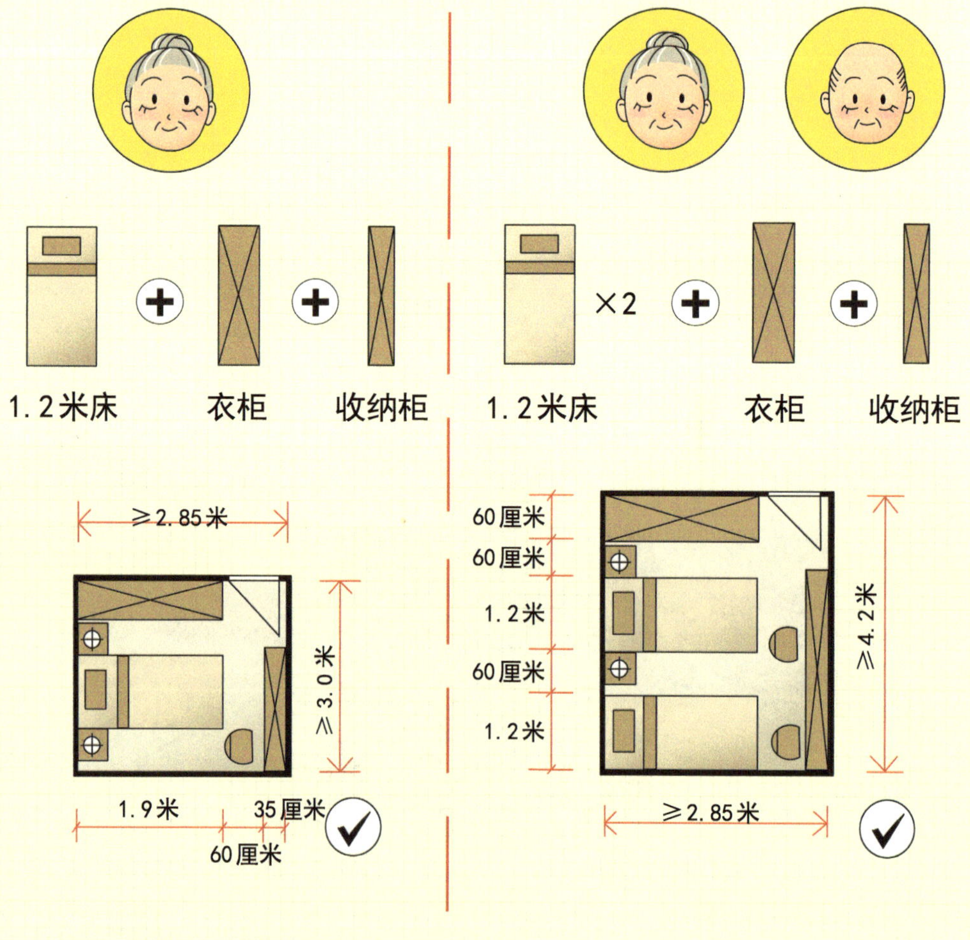

注：销售的户型平面一般标注宽度为轴线尺寸，选家时注意减掉墙厚换算。

此外，考虑到老人晚年可能会存在半失能或失能而需他人照料的阶段，老人房的尺寸需考虑适老化设计。如房间门开门后的净尺寸，需要满足≥80厘米净宽的适老化要求，理想状态为≥85厘米，以保证轮椅或担架床的便利进出。

此外，房间内需要留有1.5米直径圆圈大小的轮椅回转空间，以便于老人在半失能阶段时的自主生活活动，提高房间适老化生活的适应性。

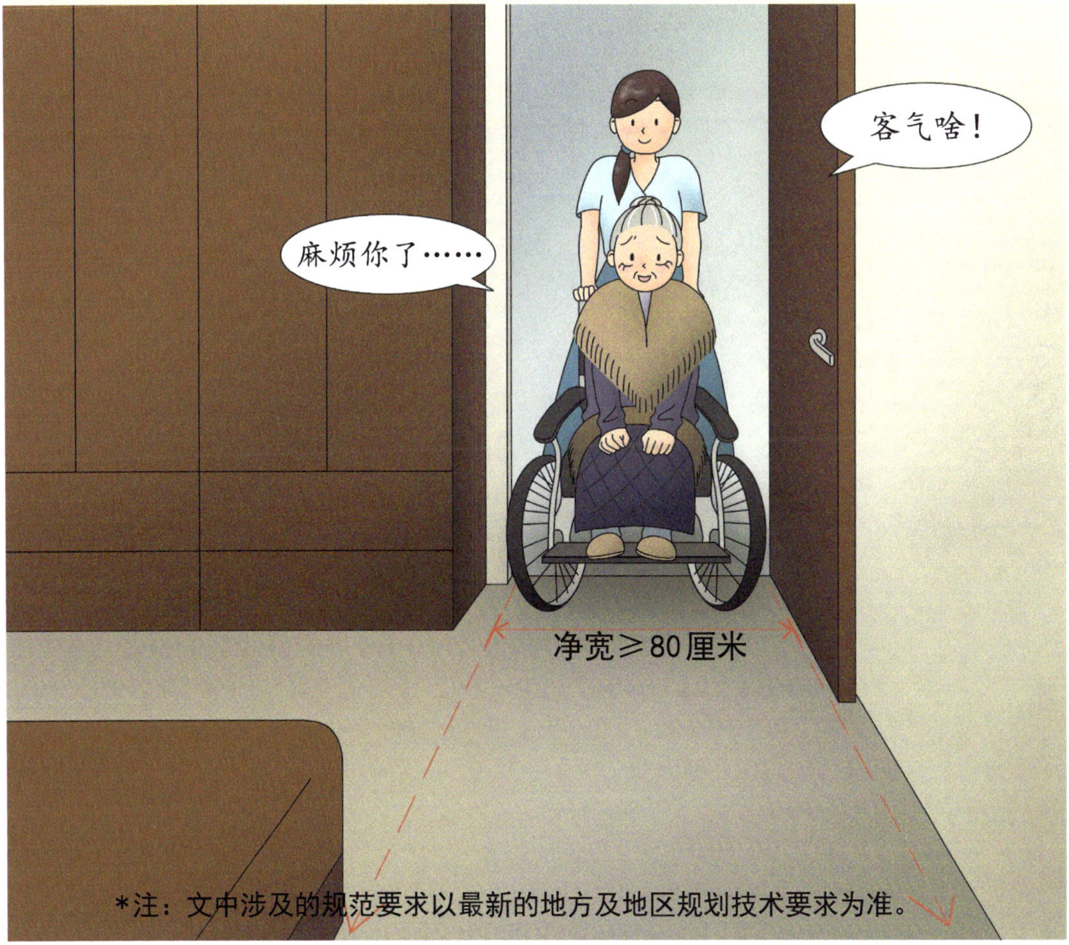

*注：文中涉及的规范要求以最新的地方及地区规划技术要求为准。

另外，老人房并不是越大越好。由于老人新陈代谢率减慢，因此身体本身会比较喜温怕冷。如果房间太大，会导致空间气流流动加大，并带走过多的热量，使房间内部难以维持恒温，可能损害老人身体健康。之前提到的古时皇帝只住10平方米的卧室，也正是这个原理。

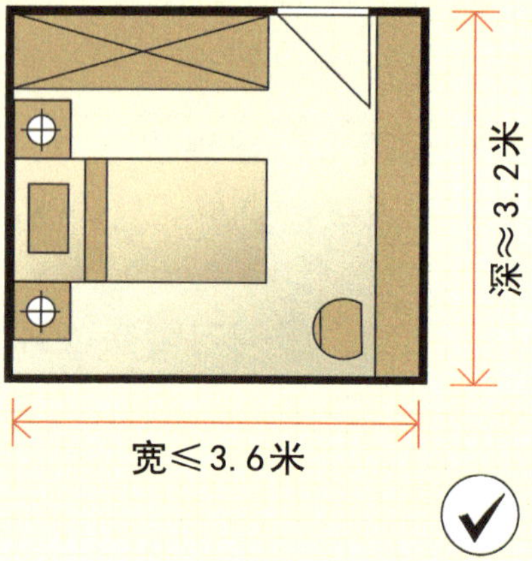

因此，老人房面宽一般不宜大于3.6米，而进深则在3.2米左右较为合适。

温暖设计

很多南方家庭为了方便打扫卫生，往往喜欢把房间跟客厅一样通铺成硬质瓷砖。但由于瓷砖比热容小，吸收热量小，恒温性差，因此地面会长期处于速冷速热的状态。瓷砖如铺设在老人房间，将导致地面长期处于冰冷状态，冬天房间比外面还冷，人体温度易失衡而引起不适感。

因此，老人房不建议铺瓷砖，建议铺设木地板、强化木地板等比热容大的材料。

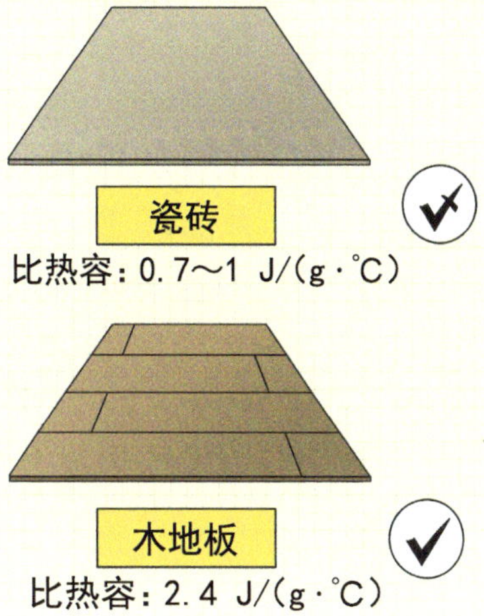

*注：北方等有设置暖气的地区，不受此限制。

另外，由于老人本身畏寒的特性，老人房建议选择在南边有阳光直接照射的位置，东西边次之，最不宜选择北边。

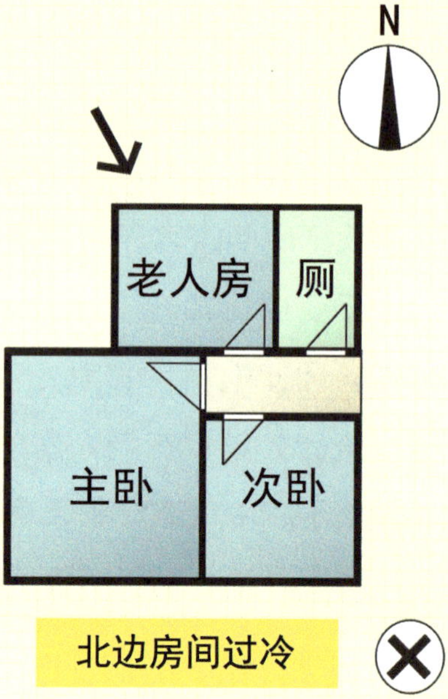

尤其西北、北边的房间，若用作老人房，会因缺少日照，而导致房间缺少太阳照射的温暖性与日光消杀的卫生性。秋冬季的时候，房间内还会倍受室外冷风寒风的侵扰，致使室内温度波动大，长此以往易影响老人的身心健康。

因此，老人房最好设置在南边，并且结合南向阳台设置。这样不但可利用阳台来遮挡夏天过曝的阳光，还可让老人在自己房间的阳台进行日光浴。

日照下，可给老人补充维生素D促进身体钙和磷的吸收。此外，肾上腺素、甲状腺素以及性腺素分泌都会有所提升，这将有效改善情绪低落、抑郁等不良心理，有利于老人保持身心健康。

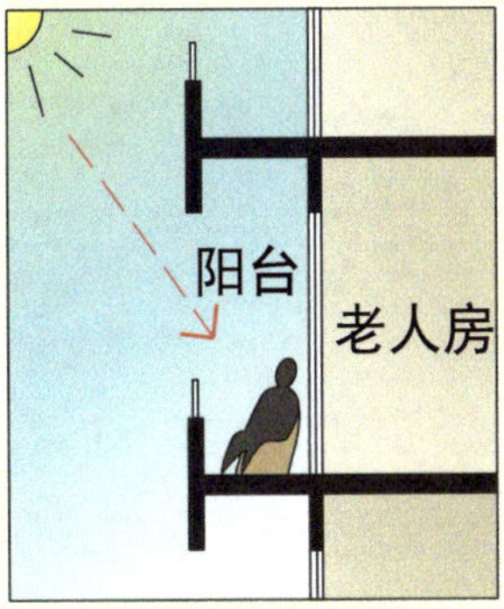

阳台的日光浴 ✓

安全设计

此外，为了更好地排解老人社交生活的孤独感，让老人切实地融入家庭生活，可通过客厅与房间视线渗透的原理，对老人房与公共空间之间进行“窗户式”设计。

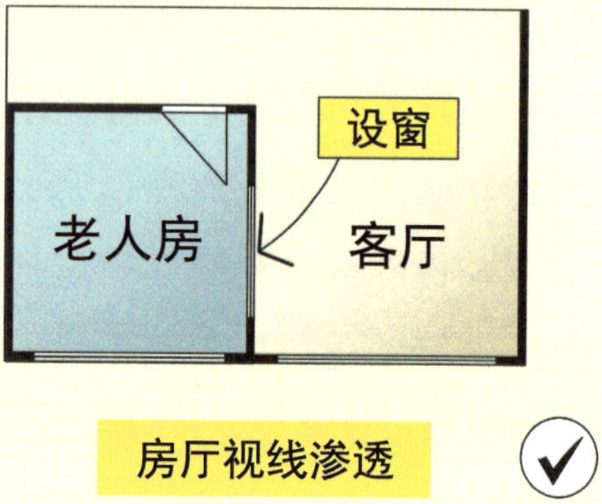

房厅视线渗透

如下图，在客厅与房间之间的墙体上增设固定玻璃或推拉窗等，可以更好地加强家人与老人间的互动，以增强对老人的安全视线监督。

此外，适老化设计的细节方面也需特别留意，如“安全按钮”——厕所或房间内设置的紧急求救按钮，“小夜灯”——便于老人夜间活动时提供必要照明的房间或走道上的小夜灯，还有之前提到的“助力扶手”——老人换鞋、如厕或沐浴时候供起身时借力的扶手等。

由于老人居家时间长，身体机能退化，生活需求会与中青年稍有不同。居家装修时需充分考虑老人的情况，以免实际使用中产生不便，继而可能引发让人遗憾的事。

设计避雷

除了落实好老人房的位置、大小等设计外，老人使用的床在房间内该如何摆放，也有大讲究。

一般来说，床头不宜靠近房间门，不然会被房间外气流直冲头部，易导致头痛或失眠。遇此问题，可调转床头，或在房门与床头间增加屏风来阻隔，避免床头与房门连成一条直线。

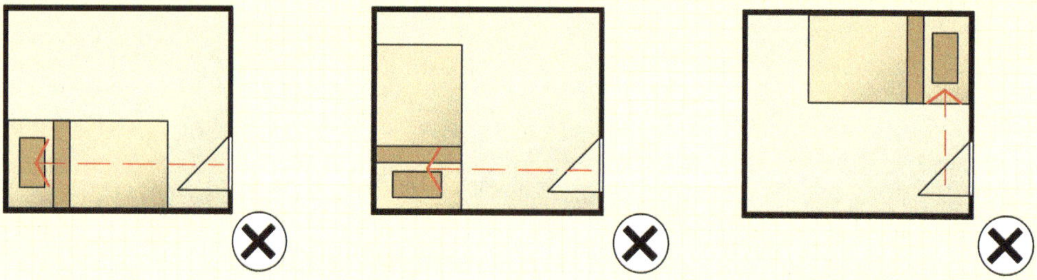

此外，床头也不宜靠近或是贴近窗来摆放。由于玻璃窗户本身的保温性能、密闭性差，因此窗户内外的昼夜温差较大；另外，阴雨天气时风雨雷电的噪声干扰，以及潮湿天气时的湿气浸入，也会产生不少的影响。

因此，为老人的健康及睡眠质量着想，床头不宜贴邻窗户。实在空间狭小难以调整的，可以加厚床头的靠背，或是加厚窗帘的遮挡以减少影响。

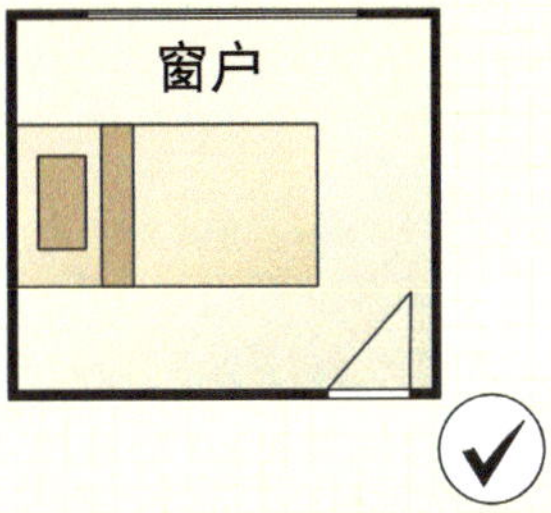

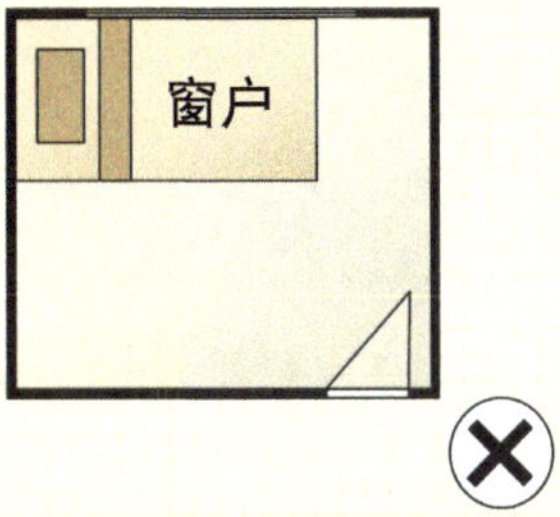

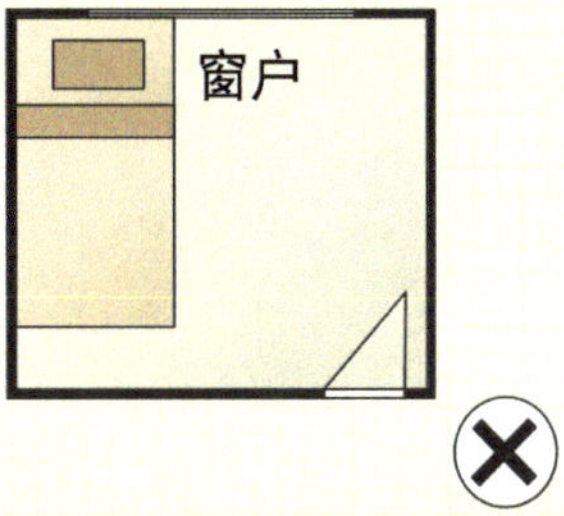

总的来说，老人房的选择需结合实际情况以及老年人本身的身心特性进行综合考虑。只有这样，才能将一个充满温暖、便利、贴心等的舒适卧室，回馈给操劳一生的亲人。

⑩阳台—要阳台还是房间

在北方寒冷地区，为更好地保暖，一般不需设置阳台。就算本身户型带有阳台，最终也是会被封起来进行利用。

而在南方温暖潮湿地区，为了更好地实现遮阳通风，以及对衣物进行晾晒消毒，往往需要设置南向阳台。部分有条件的大面积户型，还会设置南北双阳台，以更好地实现南北间对流，且一个用作景观阳台，一个用作生活阳台，互不干扰。

南北双阳台？

大部分南方住户在选房时都希望拥有南北双阳台，也就是南向景观阳台＋北向生活阳台，以更好满足南北对流，拥有良好的通风。

然而，在实际使用中，小于100平方米的双阳台户型往往令95%的用户都后悔。因为偏小的生活阳台，往往会因面积太小而变成堆积家居杂物的脏乱差鸡肋角落。

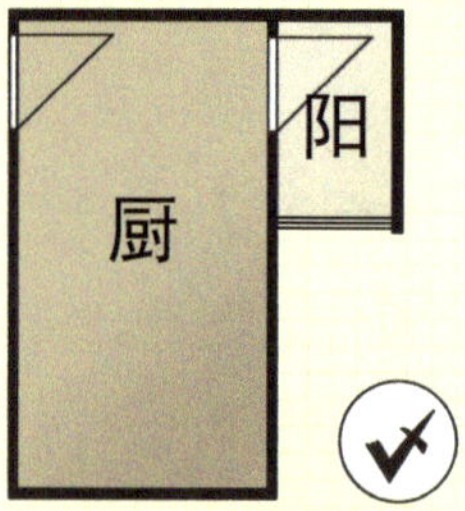

过小次阳台

如今由于房子总价高，户型面积不断被压缩，为保持性价比，房间数跟阳台数只好越来越多。如90平方米的三房两卫户型，往往还带双阳台，这样易导致厨房操作长度不足。鱼与熊掌不能兼得，这是个选择的问题。

这时，可考虑利用飘窗或阳台，或买不带小阳台的厨房，来解决厨房面积不足的问题（厨房柜台下有飘窗赠送更佳）。

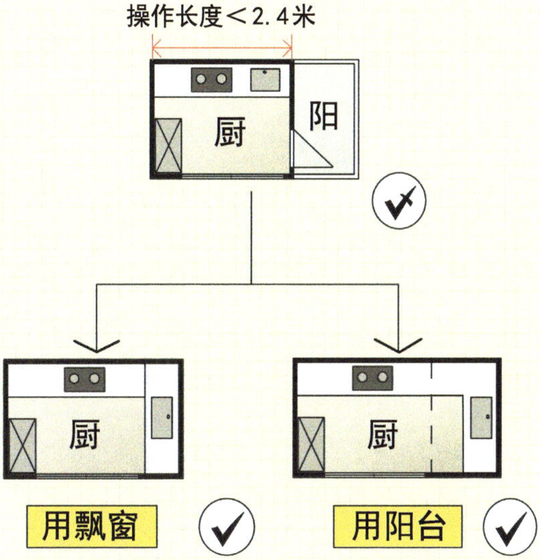

*注：封阳台涉及违建风险，以当地规划部门及物业意见为准。

因此，100平方米以下的户型不建议设置双阳台，但可以通过在餐厅设置全面宽飘窗或窗户，来实现南北对流的空间效果。

同时，由于一般飘窗不计入套内的建筑面积，因此实际上飘窗的设计比多一个次阳台的设计更多地增加了户型的实际使用率，也就是同面积段下购买更划算了。

*注：不同地方飘窗计算标准不一，以最新的地方及地区规划技术要求为准。

双面宽阳台

除此之外，还可通过设置南向双面宽阳台，来实现客厅与次卧之间的洄游动线。“洄游”，也就是使各个功能空间得到串联，情感之间实现流动的空间。这样可使次卧的老人在自己的阳台，便可了解到客厅的家庭活动情况，更好地排解孤独感。

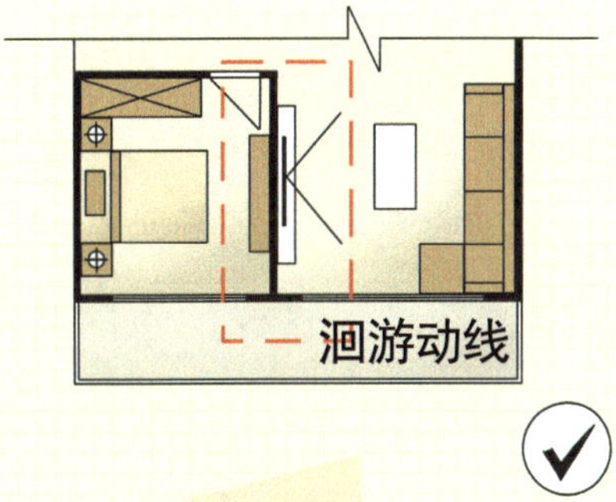

而生活阳台，则可结合家务间、厨房等附属空间形成洄游动线，使家务、采购、出餐等活动更便捷。

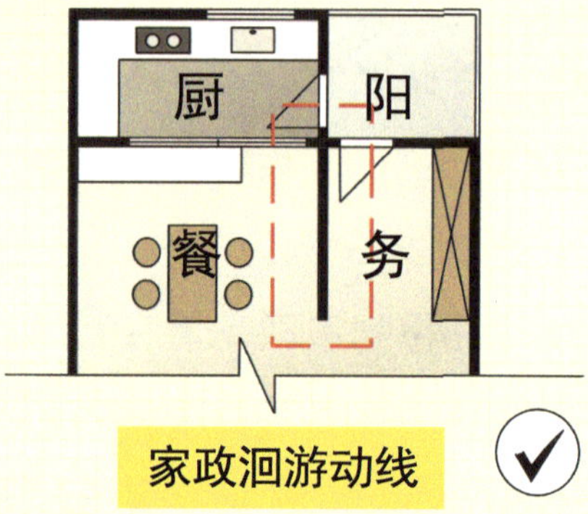

大户型的洄游动线设计，更倾向于使工人与主人之间的动线分离，实现双方活动互不干扰，使家务动线更独立高效。这样，也同时提高了家居本身功能设计的内外分区、洁污分区，并且保持了双方的独立私密性。

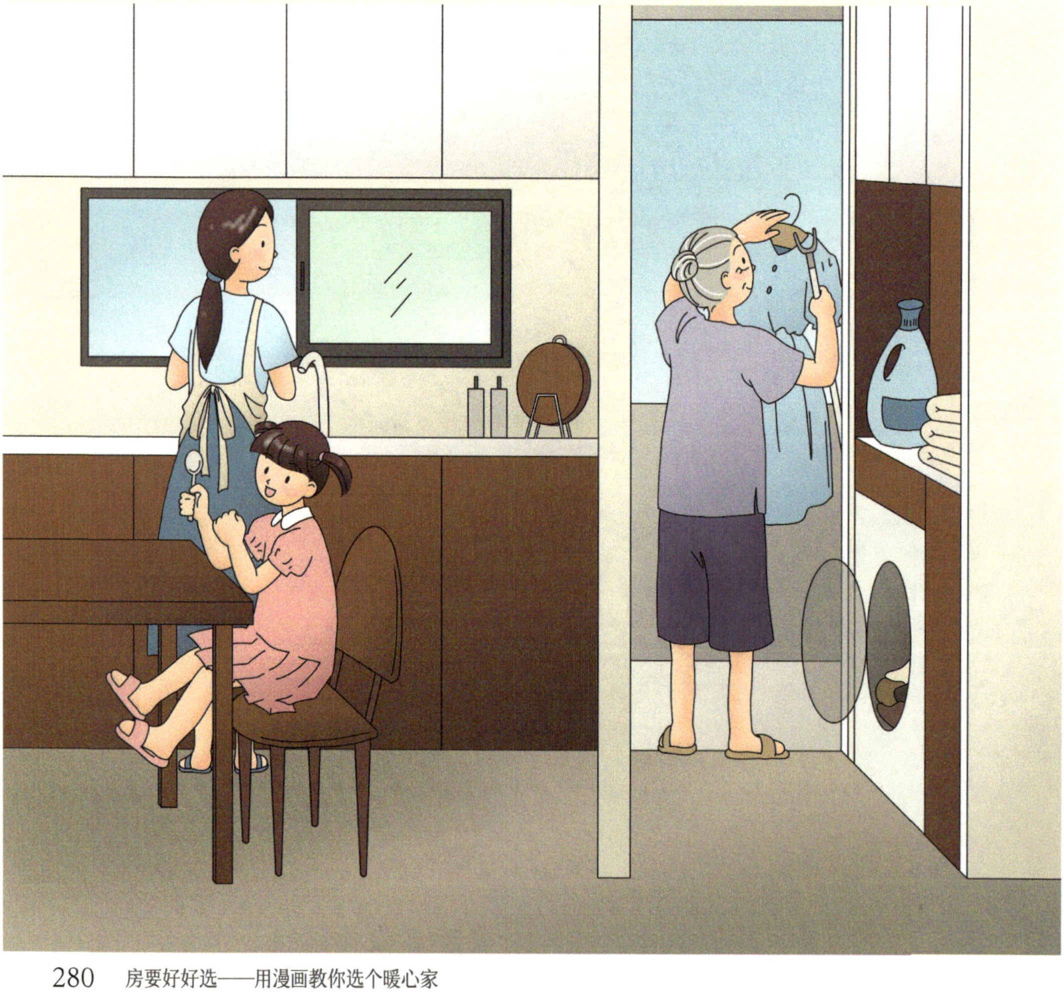

功能阳台

阳台除了观景、晾晒外，还可以结合家庭成员的个人爱好，设置如菜园、健身、餐吧等功能，使生活体验多元化，在家就可以亲近阳光与大自然。此外，270°转角型的阳台由于采光面更充足，更适合进行种植及日光浴的进行。

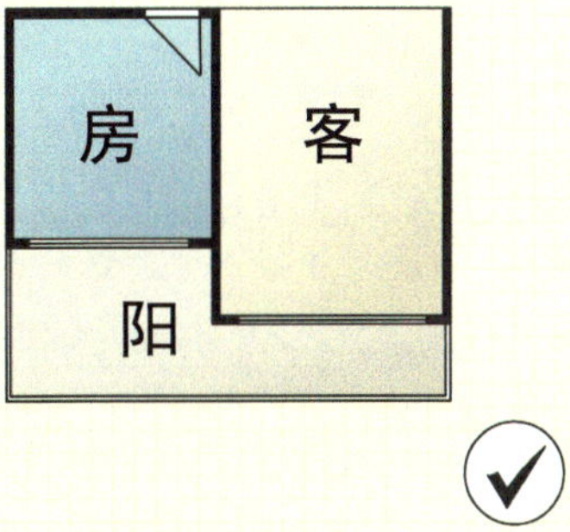

设计避雷

选阳台时，除了需避开外部不利景观外，还需注意周围空调机位及低楼层易遇到的上地面排风井等的影响。

如实在靠近无法避免的，建议尽量让阳台或窗避开废气排放的方向或路径，以免好好的自然通风变成引废气入室，否则，长此以往易损害身体健康。

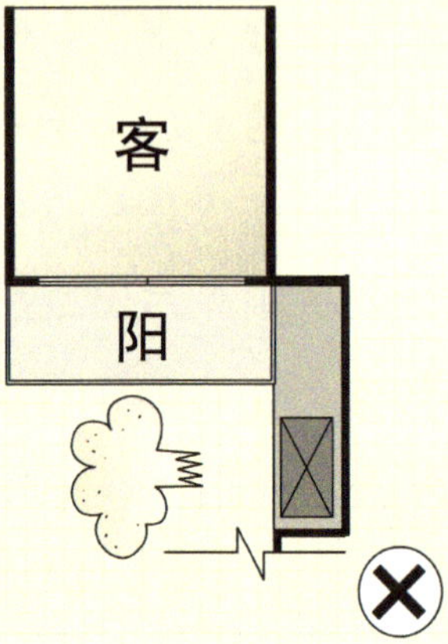

总的来说，选房不一定要选双阳台，关键要看能否真的能满足自家实际的生活需求；还有要看阳台与户内各使用功能是否可以形成更好的生活体验延伸，真正地提升居家生活品质。

⑩ 走廊——不要浪费沿街面

走廊在整个家里，往往是最可有可无的存在。走廊空间过长，除了导致交通动线过长而引起的使用不便，还可能会压缩功能房间的实际使用面积。

因此，选房的时候，走廊虽不重要，但也不能掉以轻心。

长度合理

选房时，一般走廊都是越短越好，把尽量多的空间给到实际使用的功能房间。如：横厅户型，就直接把交通过道融进客餐厅的公区，使空间显大，走廊空间几乎只剩1平方米。

但也需注意，朝向公区的房间门不宜过多，不然易影响客厅空间的完整性，也易暴露房间内个人隐私，可能引发心理不安。

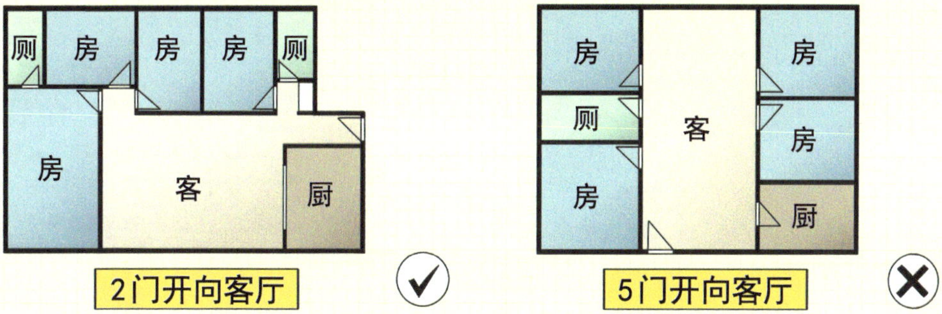

利用沿街面

除了横厅户型，大部分常规做法是通过走廊来串联卧室区的各房间，也就是通过走廊再进到房间。

而当南向房间数量≥2个时，往往走廊长度会达3~4米，也就是1.1米（宽）×4米=4.4平方米的面积，这些面积将用作交通空间，实属有点太浪费。

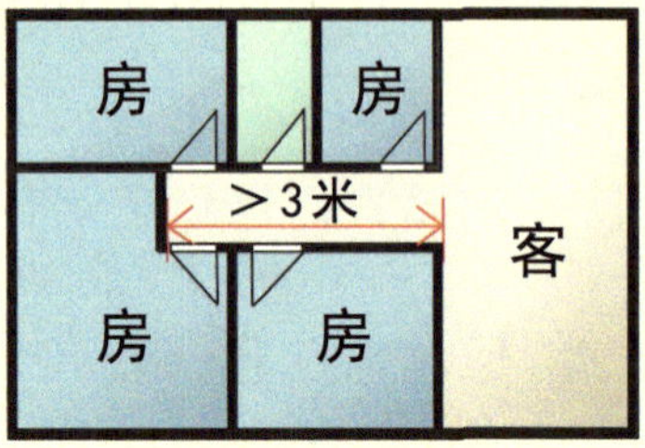

过长走廊

此时，可通过挂画的办法，使平白的墙面华丽变身为画廊展示空间，增加艺术成长的家庭氛围（上页图）。

除了用作画廊，还可以通过黑板、墙贴等，设置为涂鸦墙或量身高尺等，使其成为儿童绘画玩乐区，并留下成长的印记。

这样一来，不单使孩子与居家的空间本身产生了情感交融的记忆，等孩子长大后还可睹物思人，回忆过去，增加了家庭生活的温馨感。这样才能充分利用原本空白的“沿街面”，使其变成美好时光的宝藏。

除了墙面上的装饰提升外，还可通过与房间墙体或衣柜的融合设计，使走廊留有15厘米厚的书架展示区。

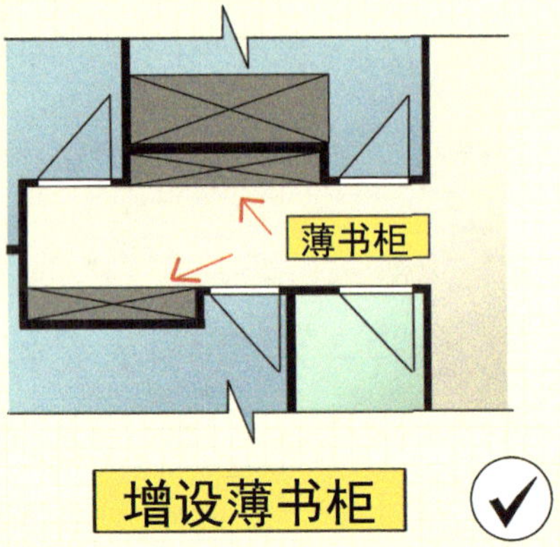

从图书馆借来的或书店买来的书，可放置于此处进行充分展示，再也不怕忘记看。小孩子路过、睡前或休闲时间，都可以翻一翻、看一看，便于养成良好的阅读习惯，完成个人的自我提升与心灵洗涤。

如房间进深有富余，还可设置35厘米厚的鞋柜、收纳柜，或60厘米深的衣服收纳柜，日常家居用品如厕纸、抽纸、维修梯、维修箱、急救箱、药品等，都可收纳于其中。

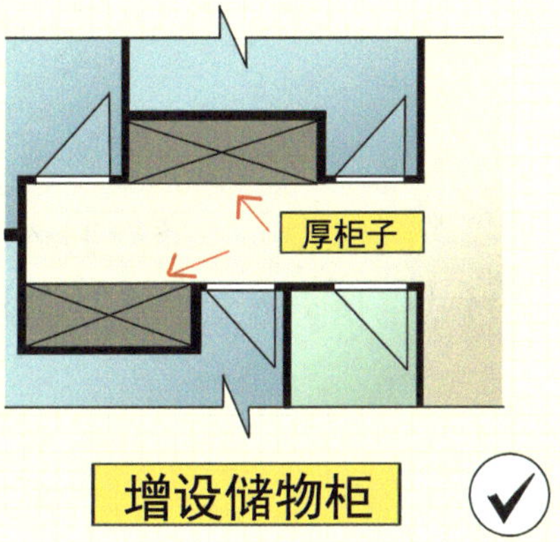

这样等于间接使家中收纳面积多了4米×0.6米=2.4平方米。收纳空间越多，家里便越好整理收拾，家居越显得整洁舒心。

置入功能

除增加收纳外，如房间数足够甚至富余，可把靠近客厅的次卧改造为开放式书房、茶室、琴房或电竞房等爱好空间。

这样不单可以有效减少走廊长度，还可以丰富家居家庭生活，使足不出户就可玩乐尽兴。另外，还可使公区空间显大，整体空间使用更流动灵活，实现视线渗透交融。

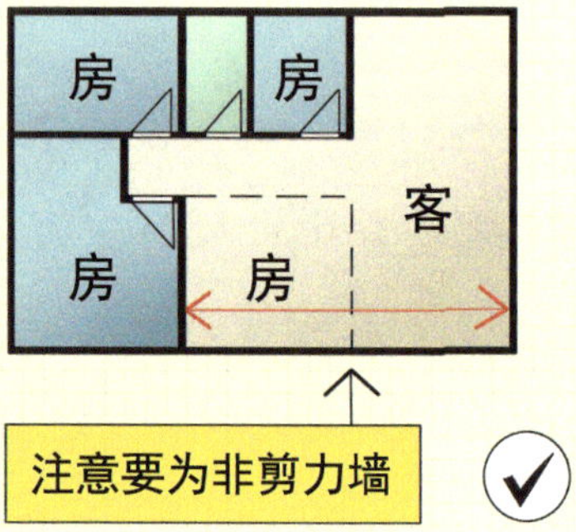

*注：剪力墙及构造柱为重要结构受力构件，严禁打凿、开洞或拆除。

部分走廊长度平齐于公共空间的，可在不影响客厅功能使用的前提下，通过把走廊改为房间的内部空间，来减少走廊空间的浪费。这样不单可使房间更为规整美观，还增加了衣柜收纳量。

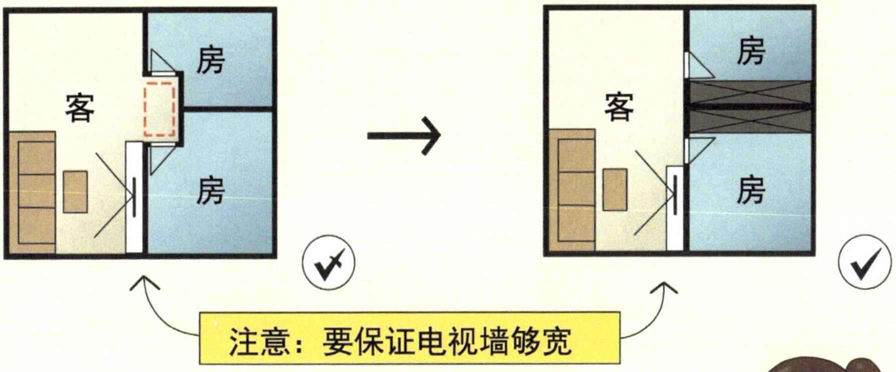

此外，虽然是走廊，但也可通过扩大走廊的宽度，使其直接用作功能房间，使本身浪费的过道空间得到充分的利用。

如下图，扩大后走廊不单可放置共享桌、社交吧台、西厨岛台等，以达到家庭社交情感枢纽的关键作用，还可使户型额外增加一个爱好房间，使家显大并变得更温馨、更有人情味。

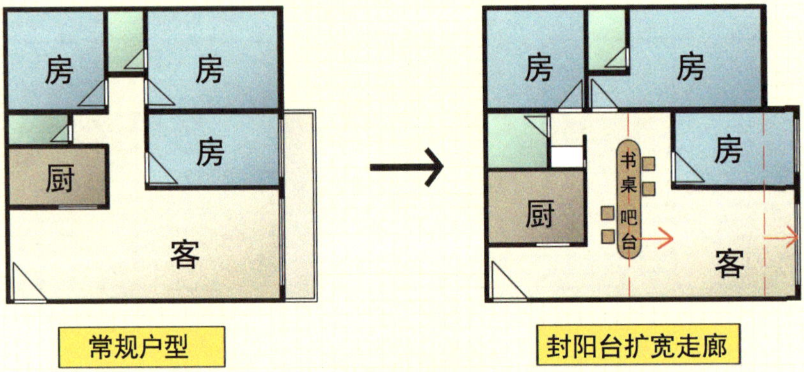

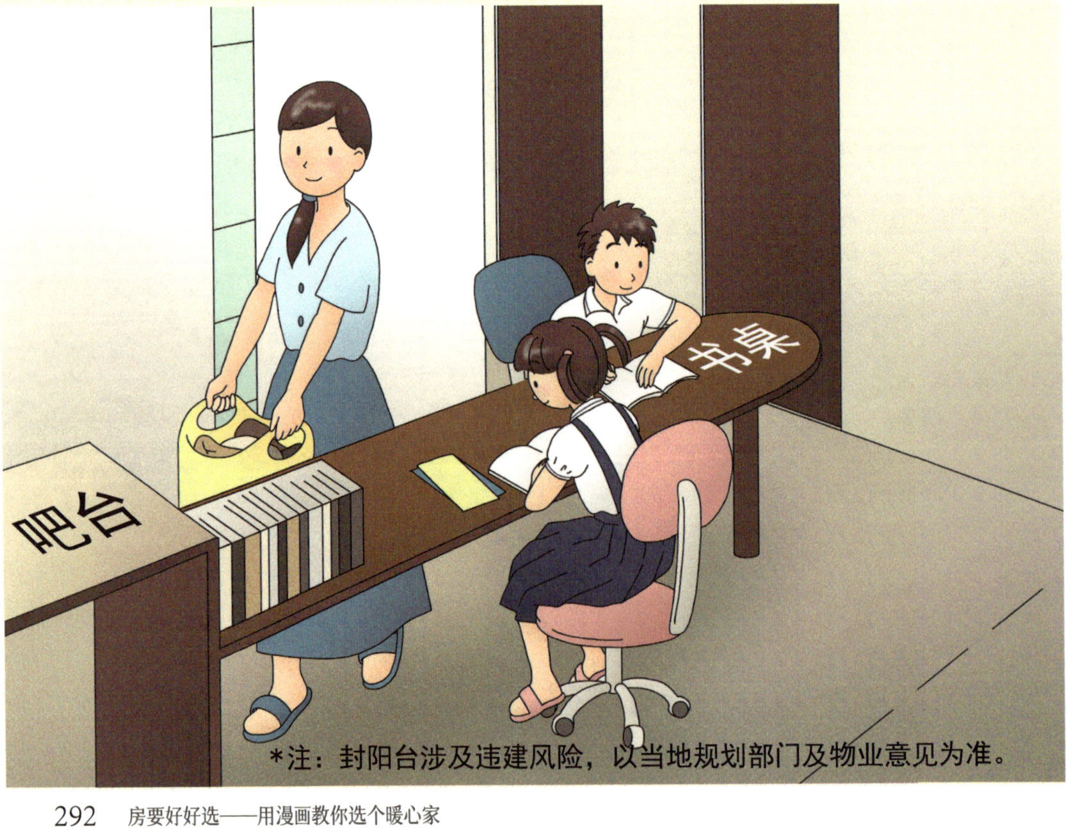

*注：封阳台涉及违建风险，以当地规划部门及物业意见为准。

此外，若是客厅面积有富余，还可通过在走廊插入一个功能盒子BOX的方式（特别是横厅户型），将此空间用作书房、工作室、手作室等爱好空间。功能盒子还可加设视线窗，使其能自然采光的同时实现客厅与其视线渗透，使空间富有趣味。

这样设计，可使走廊多出一个多功能的小房间，真正做到“N+1”房。

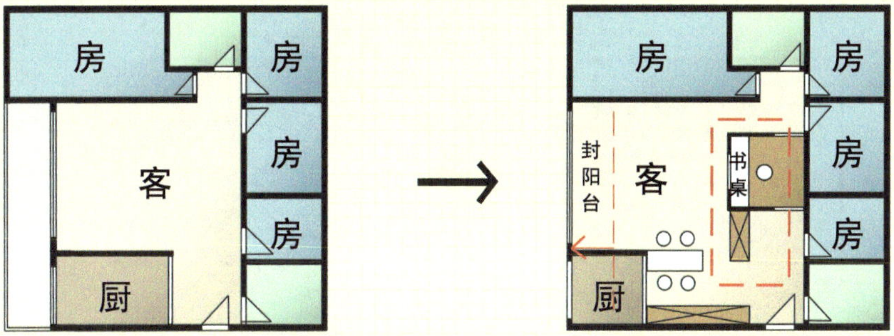

封阳台走廊加BOX

*注：封阳台涉及违建风险，以当地规划部门及物业意见为准。

设计避雷

最后，跟之前的主卧篇同理，需注意大门不宜通过走廊再直对房门。外部气流直冲易导致房间内气流对流加剧，温差波动大而可能损害人的健康。可以在走廊尽端设置照壁、挂画或壁柜等，作为走廊的终点，使气流得到回旋，不至于直冲房间。

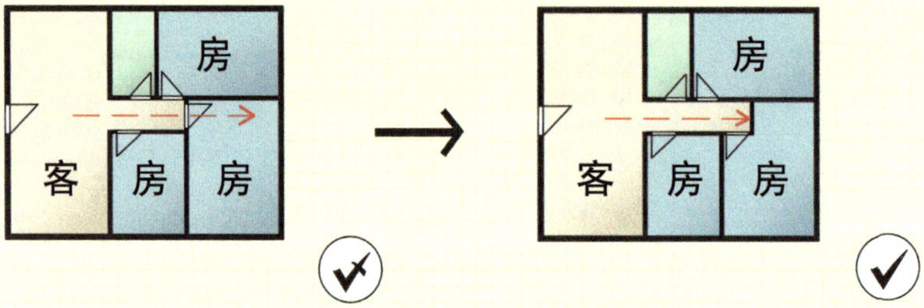

总的来说，走廊空间虽次要，但也大有可为，只要充分利用“沿街面”作为功能使用，或对走廊空间进行合适改造，走廊也可成为高效、灵活且打动人的情感空间。

后　记
——有爱的家，就是最好的暖家

家，其实有很多种含义。从甲骨文中的文字，表示食能果腹且能遮风挡雨的庇护所，演变到洞穴居住，再到干栏式底层架空房屋，直至今日的城市高楼大厦和高层小区，家的需求及其外在形式一直在演变。然而，人们对家的精神追求始终未变，也就是希望它能提供一个情感交流和物理安全的空间。

在选房时，很多人往往受限于经济条件和家庭人口规模，认为只要有更多的房间和更大的客厅，选到的房子就成功了。然而，房子好不好，往往是在住进去之后才会真正体会到的。比如：外部环境是否舒适，周围的配套设施是否方便，附近的学校质量如何，医疗服务是否便捷，小区的物业管理水平、社交氛围如何，还有户型内部的设计是否合理……这些才是真真切切影响着人们居住体验的因素。

写这本书的初衷，是希望大家在选房时能有更多方法和策略。市面上虽然有很多关于装修和选房的书籍，但大多只介绍建筑指标或签订购房合同后的事项，对选房技巧的总结和描述往往有所欠缺。笔者结合了许多朋友在买房过程中遇到的困难和问题，以及普通百姓在选房时常踩的一些坑，梳理出内容，形成了这本书。希望这本书能给大家带来实实在在的帮助。

每个人都希望住进自己的梦中情宅，而不是因为迁就，而选择一个不舒适或不实用的房子。本书希望在大家选房时能提供更多思路，让大家更有方法和技巧地去选择适合自己的暖家。毕竟购房是一笔较大的开销，且房子一旦购入，后续的签约、交付、验房、装修、置办家具和电器等事项，都需要耗费大量人力物力。所以，买房就像谈恋爱和结婚一样，都需要慎重考虑。正因为如此，我希望这本书能为大家提供一个很好的参考，以填补市场的空缺。

这本书凝结了笔者二十年来的设计经验，包括建筑学科班教学中的一些正规建筑理论知识，在甲级设计院方案主创期间实际设计项目中的经验，以及在房地产行业工作过程中获得的一些最前沿的国际设计理念和真实用户居住后的体验反馈。本书结合漫画的方式呈现，力求通过简化梳理，从大到小、从总到分，化繁为简，大到城市区位，细到户型内每一个功能空间的细节设计要点，尽可能详细地描摹选家过程中的注意事项。本书融合了许多建筑学、规划学、装修专业知识及实际调研等经验，根据本书去选房，基本上能选到一个90分以上的暖心家。

当然，由于国内外这个类型的书籍依然比较少，主要还是以装修类和收纳类的书籍居多，因此本书参考的资料有限，难免会有一些不足之处。欢迎各位读者在阅读后提供宝贵的意见，留言给我，我会尽量答疑并在再版时进行修订补充。

此外，需要注意文中涉及的政策部分以及规范要求，以最新的地方及地区公示情况及规划技术要求为准。户型平面及外立面使用改造存在违建风险的，需要以当地规划、消防部门及物业意见为准。

选房不仅仅是购买一处住所，更是选择一种生活方式。希望大家在选房时不仅关注房子的表面条件，更要深入考虑书中所述的这些实际影响生活质量的因素。这样，才能真正找到一个适合自己的理想的暖心家。

希望大家明白，只有改善家居环境，并结合个人的努力，才能真正实现理想生活的美好目标。而让家中有爱，就是不断解决居家矛盾的过程，家中即使有一些问题，也能积极地去寻求解决办法，从而找到最优的处理方案。因此，有爱的家就是最好的暖家。

希望通过大家的努力，把自己的家打造成充满爱的暖心家，让居住其中的生活愈发幸福美满。

亦 心

2024年8月

愿都能选到
自己的暖心家！

本书得以出版，满怀感恩：

感谢恩师一路以来的指导与教诲；

感谢家人始终无私的支持与理解；

感谢出版社团队的匠心与专业；

还有感谢朋友与同事们的鼓励与关怀……

本书凝聚了大家的智慧与帮助，感恩一路同行，共赴未来！

——亦 心

2024 年 12 月